展望

ZHAN WANG

—

企业全面重塑

U0331218

上海交通大学出版社
SHANGHAI JIAO TONG UNIVERSITY PRESS

内容提要

埃森哲相信,未来十年是企业"全面重塑"时代。全面重塑标志着企业数字化转型进入了全新的征程,战略方向从"业务求新"进化到"全面重塑",转型路径也不再是渐进的平滑曲线。实现全面重塑的企业将领先跃变,在面向未来的竞争中占据先机,成为新的明日之星。

本书可供企业管理人员参考、阅读。

图书在版编目(CIP)数据

企业全面重塑 / 埃森哲中国编. —— 上海: 上海交通大学出版社, 2023.9
("埃森哲中国"丛书)
ISBN 978-7-313-29130-1

I. ①企… II. ①埃… III. ① 产业发展—互联网络—应用—企业管理—研究 IV. ①F272.7-39

中国国家版本馆CIP数据核字(2023)第129750号

企业全面重塑
QIYE QUANMIAN CHONGSU

编 者:埃森哲中国	地 址:上海市番禺路951号
出版发行:上海交通大学出版社	电 话:021-64071208
邮政编码:200030	
印 制:上海锦佳印刷有限公司	经 销:全国新华书店
开 本:787mm×1092mm 1/16	印 张:7
字 数:192千字	
版 次:2023年9月第1版	印 次:2023年9月第1次印刷
书 号:ISBN 978-7-313-29130-1	
定 价:50.00元	

畅享数字化"悦"读体验，即刻扫码阅读全新《展望》

《展望》微信小程序

《展望》主页

不畏浮云遮望眼

当下唯一确定的就是不确定性的长期存在。在新时局之中，企业正感受到一种"挤压式转型"，各种变化、颠覆和压力无处不在，从各个方向挤压而来。

面对各种变化和不确定性，人们会本能地抗拒，正如罗素所说："对确定性的追求是人类的本性，也是一种思维的恶习。"诚然，确定性能够为我们带来极大的安全感、可控感，而各种变化和不确定性则意味着恐惧、不安和焦虑。要缓解这种情绪，首先需要对简单系统、复杂系统进行区分。如果说钟表、自行车这样的机械系统是易于理解、可还原、可复制、可控制、可预测的简单系统，那么企业就是典型的复杂系统。企业的运营涉及多种复杂因素，并且各个因素之间的相互作用、传导机制、决策流程往往不是简单、可预测的线性关系。因此，要管理好一家企业，企业管理者需要进行深入的分析和思考，需要制定长远的战略，更需要发挥想象力和创造力。如何在复杂系统中做到坦然与不确定性共存，在不确定性当中关注当下、关注长期确定的大趋势，就成为每一位企业家的必修课。

十年前，埃森哲预言了商业将全面数字化。十年以来，中国的数字经济发展飞速，2022年，中国数字经济规模超过50万亿元，连续11年高于同期GDP增速，且数字经济占GDP的比重已经超过40%。埃森哲长期服务并陪伴中国企业的成长，我们的观察是，中国数字经济仍拥有广阔的发展空间，中国企业数字化转型前景向好。

过去六年间，埃森哲和国家工业信息安全发展研究中心（工业和信息化部电子第一研究所）联手发布中国企业数字化转型指数，持续跟踪和评估中国企业数字化转型的成熟度和历程，这一指数生动地展现了企业数字化转型进程的图景。

2018—2019年，企业还处在初步探索阶段，数字化转型也多以局部、试点数字化项目为主，更多聚焦于短期目标；2020年疫情突袭，企业迅速"上线"自救，但也凸显出数字化核心能力不足的"隐性缺陷"，研发、供应链、组织管控暴露了较明

埃森哲全球副总裁
大中华区主席

朱 虹

显的短板；2021年进入分水岭，领军企业的数字化进程加速，数字优势持续扩大，转化成更显著的财务优势；2022年，面对波动和不确定，企业对数字化的部署变得越来越审慎和务实，数字化转型的重点也在不断动态调整。

我们欣慰地看到，埃森哲过去几年间提出的观点，包括"数字化转型是一把手工程""关注颠覆式创新和增长""数字化转型必须坚持长期主义"等都已成为企业的共识。

应对全新的变化和挑战，我们将关注点立足于**"企业全面重塑"**，2023年埃森哲对数字化转型指数框架进行了升级，全新定义企业重塑的五大关键能力——**竞争新前沿、全局性拉通、打造数字核心、融入可持续、释放人才力量。**

中国企业要想增强韧性、持续增长，成为世界一流企业，就必须启动企业全面重塑战略。埃森哲中国企业数字化转型指数调研显示，**只有2%的中国企业开启了全面重塑战略**，可以被称为"重塑者"。

重塑者目光远大，他们不局限于只在当下成为"优等生"，而是放眼于未来的竞争新前沿；他们行动有力，依托强大的数字核心重塑各项业务职能；同时，重塑者不仅在多个财务维度持续领先，还实现了更为广泛的360°价值。全面重塑标志着企业数字化转型进入了全新的征程，战略方向从"业务求新"进化到"全面重塑"，转型路径也不再是渐进的平滑曲线，企业应当尽快转变思维，应对全新的竞争规则——实现全面重塑的企业将领先跃变，在面向未来的竞争中占据先机，成为新的明日之星。

埃森哲相信，未来十年是企业"全面重塑"时代，全面重塑将成为企业的战略选择。不畏浮云遮望眼，放眼量，智者识变、勇者应变、强者求变。

目录

卷首语

2　　不畏浮云遮望眼

数字化转型伙伴说

6　　与您一起分享埃森哲和领军企业在数字化转型道路上的经验与心得。

专栏

8　　迈入生成式人工智能新时代

ChatGPT背后的技术将重塑商业形态和运营。中国企业需要重新构想工作方式，持续投入业务运营和人员培训，实现人工智能技术跨越式变革。

14　　防范生成式AI四大风险

打造负责任的生成式AI，防范合规、数据、用户以及价值风险，需要在生成式AI基础模型的设计之初就未雨绸缪，并在其全生命周期中持续领航匡正的系统性工程。

访谈

18　　美妆科技，组织先行

专访欧莱雅北亚及中国人力资源副总裁 沈琳

封面专题

26　　重塑增长: 2023埃森哲中国企业数字化转型指数

数字化转型的战略方向已经从"业务求新"进化到"全面重塑"。实现全面重塑的企业将领先跃变，在面向未来的竞争中占据先机，成为新的明日之星。

40　　当原子遇见比特: 构建数实融合新基础

埃森哲《技术展望2023》探讨了推动数实融合发展的技术趋势，以及为了实现长远发展，企业需要采取的行动。

48　　成为高增长型CHRO

2023年《埃森哲全球首席人力资源官研究》指出，汇聚数据、技术、人才之力，将加速企业转型、重塑增长方式。其中，高增长型首席人力资源官将成为企业数字化建设的核心，为企业持续重塑引入澎湃动力。

54 **未来增长，非比寻常**

绿色经济和未饱和市场将是企业寻求增长机会的新兴领域。

62 **零基供应链**

埃森哲企业供应链与运营系列报告第二篇。零基供应链可推动企业运营成本系统可持续的优化，有助于提升企业成本可视化和运营活动的通透度，增强企业供应链韧性和可持续发展能力。

特写

68 **向"漂绿"说不**

摒弃"漂绿"行为，将可持续发展作为企业核心战略，真正从业务和消费受众的生活场景出发，企业才能创造多维度价值。

技术

72 **竞速上云，收获全价值**

企业若能够做到持续、无缝用云，就可以利用云端的无限新机，提高效率、改善体验和拉动业务增长，摆脱上云困境，全面收获上云价值。

80 **软件定义汽车：车企增长新"引擎"**

紧握软件定义汽车机遇，整车企业可在数字服务竞赛中建立竞争优势，解锁增长新"引擎"。

行业观察

88 **绿色金融："双碳"经济时代，银行业务增长新引擎**

绿色金融有望成为银行业新的业务增长引擎。银行业应始终以价值为驱动，调动自身及产业链上下游资源，共同应对全球气候变化挑战，助力经济绿色转型与可持续发展。

96 **万物皆服务 开辟新增长**

"即服务"模式是高科技企业实现长期、可持续业务增长的重要路径。

100 **中国美妆行业观察**

中国美妆企业需要从人、产品和场景三方面入手，把握美妆行业趋势，快速捕捉市场机遇，赢得先机。

数字化转型伙伴说

2023年世界人工智能大会期间,埃森哲携手第一财经,邀请到学术专家和诸多领军企业的高管共聚一堂,围绕"生成式AI:重塑企业"的主题,从战略、技术、人才与责任等方面,探索全面重塑时代下的企业发展关键动能。

人工智能的系统不是中立的。当它开始接受数据的时候，人类的偏见、仇恨和歧视就有可能在这个系统当中被放大。所以，人工智能需要伦理道德框架作为指引。不必使人工智能无所不在，负责任地发展和适度地使用，是我们对于人工智能的期待。

—— 曾毅
中国科学院自动化研究所
人工智能伦理与治理中心主任

人工智能的出现对企业组织和人才产生了巨大的影响。第一，对人才的要求更加综合，不仅要有专业能力，还要有对技术的协同能力；第二，改变了工作或任务处理的方式，因人设岗成为可能；第三，使配置人才的方式更加多元，从"为我所有"到"为我所用"，零工经济方兴未艾。这些影响真正让"人力资源成为战略资源"的口号落到实处。

—— 余立越
上海外服（集团）有限公司董事、总裁

人工智能在人力资源领域中的应用，比如招聘过程中的人才测评、人岗匹配等场景中，可以帮助企业在一些客观的、可量化的指标或属性上进行精准匹配，但在主观意愿、主观评价等方面，可能就被忽略或弱化了。

—— 汤之群
上海外服（集团）有限公司首席数字官

对于生成式AI来讲，模型参数量很重要，但模型结构也很重要。今天的生成式AI已经非常擅长以"自监督式的方法"从非人工标注的数据中学习，大大缓解了"有多少人工，就有多少智能"的窘境。

—— 张发恩
青岛创新奇智科技集团股份有限公司
首席技术官

没有一个模型能够解决所有场景的所有问题，所以核心还是要明确场景，就是企业的业务目标。你究竟要解决什么样的问题？基于问题的定位再来选择模型。也有可能出现需要调用多个模型的情况。

—— 邹玲
阿里巴巴达摩院资深产品专家

生成式AI并不是一个新的名词，但是随着以ChatGPT为代表的大语言模型的出现，对语言的理解和生成的质量有一个质的提升，也带动了文生图等其他生成任务效果的提升。现在，整个社会、整个行业都在思考和探索，怎样把这个技术用好。我认为，所有人都要积极拥抱它，在工作中使用它。不要给生成式AI设限，任何问题都可以先问问它。

—— 栾剑
小米集团技术委员会
AI实验室大模型团队负责人

应用生成式AI，最重要的是理性携手人性。比如在客服领域，生成式AI不光要回答客户的诉求，还要关注他们的情绪——他来退货，是真的用了产品很失望，还是中性地来解决问题。当AI在关注人的情绪，这块就会很不一样。

—— 左鑫
安克创新首席信息官

迈入生成式人工智能新时代

文 杜保洛、卢珊

提要: ChatGPT背后的技术将重塑商业形态和运营。中国企业需要重新构想工作方式,持续投入业务运营和人员培训,实现人工智能技术跨越式变革。

21世纪以来,在经历了可分析预测的机器学习阶段、处理视觉和语言的深度学习发展阶段之后,人工智能在2023年迎来了重大转折点:由OpenAI开发的GPT-4语言模型,标志着基于语言的人工智能应用程序迈入了全新的阶段,可以模仿人类对话和决策的ChatGPT走入大众视野,并在推出仅两个月后,月活跃用户就达到了1亿,成为有史以来用户增长最快的消费应用程序。[1]

ChatGPT背后的大语言模型(LLM)正在凭借两项优势改变着市场规则。第一,这类模型破解了语言复杂性的密码,机器拥有了前所未有的能力,可以学习语言、理解上下文含义和表述意图,并独立生成和创建内容。第二,在利用大量数据(文本、图像或音频)进行预训练后,这些模型能够针对众多不同的任务做出调整,使得用户可以用多种方式对模型按原样重复使用或稍加修改后再次使用。

生成式人工智能的普及与应用

ChatGPT、DALL·E、Stable Diffusion等一系列易于使用的生成式人工智能应用程序,正在迅速推动技术在商业领域和社会公众中的普及,这将对企业产生极为深远的影响。埃森哲《技术展望2023》调研显示,42%的全球受访企业有意在2023年大力投资ChatGPT,并有97%的全球受访高管认为,人工智能基础模型将实现跨数据类型的互联,彻底改变人工智能的应用环节和方式。现阶段,大多数企业通过购买"模型即服务"来开展业务应用,不过对许多企业来说,最大的价值源于使用自己的数据对模型进行定制或微调,以满足其特定需求。

使用:

我们有望随时随地获取和使用生成式人工智能及大语言模型应用程序。企业可以通过应用编程接口(API)调用这些程序,并运用提示学习(prompt tuning)和前缀学习(prefix learning)等提示工程技术,针对自身的具体需求在较小程度上加以定制。

定制:

大多数企业需要定制模型,用自己的数据对模型进行微调,以扩大其用途和价值。这使模型能够支持整个业务中某些具体的下游任务。通过此举,企业可以有效地利用人工智能实现绩效的飞跃发展——提升员工能力、改善客户满意度、引入新型商业模式,并及时感知即将发生的变化。

企业将利用这些模型来重塑工作方式(见表一)。随着员工与人工智能副手协同工作成为常态,企业中的每个角色都有可能被完全改造,这将显著拓展单凭人类自身可以取得的成就。在任何特定的工作

1.《分析师指出,ChatGPT创下了用户增长的最快纪录》,路透社,2023年2月,https://www.reuters.com/technology/chatgpt-sets-record-fastest-growing-user-base-analyst-note-2023-02-01/。

中，一些任务将实现自动化，一些能够得到辅助，除此以外，大量新任务有待人类执行，如确保准确、负责任地使用新型人工智能系统。

值得注意的是，不同于以往创新曲线中技术发展通常早于应用和监管，针对生成式人工智能的技术、监管和商业应用将并行发展，且发展速度将越来越快。

技术堆栈

支持生成式人工智能的复杂技术预计将在每一堆栈层级上迅速发展，这具有广泛的商业影响。训练顶级人工智能模型所需的计算量正呈指数级增长——根据各类报告，现在每3~10个月其便会翻一番。[2] 因此，成本和碳排放已成为采用能源密集型生成式人工智能的核心考量因素（见图一）。

表一 生成式人工智能在各行各业中的应用领域

	领域	用例
咨询建议	知识工作顾问	为行动或决策提供建议
内容创建	内容生成	创意内容生成/共同生成
	视觉设计	为产品或网站生成创意视觉设计
代码编写	应用开发	需求生成/产品定义、代码生成
	IT运营	聊天与文档整理
	质量工程	测试自动化
流程自动化	业务流程	财务与会计、采购等领域的业务流程自动化
	IT流程	服务管理领域的IT流程自动化
信息安全	信息安全	防止欺诈、完善监管合规
	治理	主动识别风险

生成式人工智能对于中大型公司都有潜在的巨大价值。预计这种价值范围从

5亿美元到
30亿美元

不等，可以通过提高生产力、提高效率、提升客户体验等方式实现。

图一 生成式人工智能技术堆栈的每一层级都将迅速进化

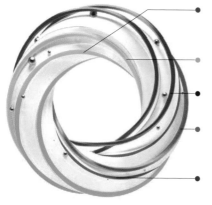

应用：通过API或直接嵌入其他应用程序中，云端用户对生成式人工智能和大语言模型的访问将越来越容易。企业可以直接使用，也可以使用专有数据对其进行定制和优化微调。

微调：模型微调的重要性在于，将跨越软件工程、心理学、语言学、艺术史、文学和图书馆学等诸多学科，创造技能组合需求。

基础模型：随着更多预训练模型的出现，市场将迅速成熟和多样化。新的模型设计将为平衡规模、透明度、多功能性和性能提供更多选择。

数据：企业提高数据生命周期的成熟度，是模型成功的先决条件——需要掌握新的数据、前所未见的数据类型以及海量数据规模。依托现代化的数据平台，生成式人工智能的功能将不断涌现，从而推动大规模应用。

基础设施：对于部署生成式人工智能，并且妥善管理成本和碳排放，云基础设施不可或缺。数据中心需要改造。新的芯片组架构、硬件创新和高效算法也将发挥关键作用。

2.《技术展望2023》，埃森哲。

风险和监管环境

ChatGPT进一步引发了人们对人工智能健康发展和规范应用的思考。当技术发展和应用速度快于立法时，企业尤其要密切关注可能面临的法律、道德和声誉风险。

包括ChatGPT在内的生成式人工智能技术在设计时已纳入了负责任和合规等要素，确保此类模型和应用程序不会给业务带来无法承受的风险。作为负责任人工智能方面的行业领军者，埃森哲早在2017年就已定义和实施了负责任人工智能的原则，进而将其融入我们的业务实践和客户服务中。负责任人工智能是一种遵循明确原则来设计、构建和部署人工智能的实践方式，在赋能业务的同时维护公众利益并造福社会。企业也能因此给予人工智能充分信任，满怀信心地扩展人工智能使用范围。

人工智能系统需要利用多样化和包容性的输入数据集来加以"完善"，从而体现更广泛的商业和社会责任、公平性和透明度。如果人工智能可以在道德框架内设计并付诸实施，就能加速发挥负责任的协作化智能工具的潜力，使人类智慧与智能技术紧密融汇在一起。

生成式人工智能的关键风险和监管问题

☐ **知识产权：** 企业如何保护自己的知识产权？在使用预训练基础模型时，怎样防范无意中侵犯第三方版权？

☐ **数据隐私与安全：** 即将出台的相关法规——如《欧盟人工智能法案》，将如何规定数据的处理、加工、保护、保密和使用方式？

☐ **歧视：** 企业使用或创建的工具是否会生成反歧视或反偏见内容？

☐ **产品责任：** 利用生成式人工智能产品向公众提供服务前，需要怎样建立保护用户身心健康和安全的机制？

☐ **信任：** 应当向消费者和员工提供何种透明度？企业如何确保生成式人工智能输出结果的准确性并维持用户信心？

☐ **身份验证：** 当建立的身份证明依赖于声音或面部识别时，应如何增强和改进验证方法？错误使用这些验证方法会导致怎样的后果？

商业应用

为了创造人工智能的价值，企业必须全面转变工作方式。企业领导者需要立即开始用新的思路设计工作和任务，以及对人员开展技能再培训。未来，企业中的每一个角色都很可能被重塑，亦有很多新型工作岗位将不断涌现。若能立即采取措施，将工作拆分为细分任务，并投资于员工培训与机器协作，用全新的方式开展工作，企业将实现绩效飞跃，远超目光短浅的竞争对手。很多企业高管也已经注意到这一

点，我们的调研显示，近六成的企业打算将ChatGPT用于学习，而计划在2023年进行试点的企业超过半数，并有超过40%的企业愿意为此倾力投入。[3]

中国企业生成式人工智能的部署策略及应用要点

越来越多的中国企业在积极探索生成式人工智能技术，并开始应用大型语言模型来实现更多的创

---

3. 埃森哲商业研究院2023年2月开展的《首席高管动向调研》。

新和效率提升。我们为此梳理了适用于中国企业的三种本地部署策略及六大应用要点。

中国企业大语言模型应用的三种模式

SaaS是目前最为成熟的部署方式，其中以微软的Azure OpenAI为行业标杆。国内市场，百度的文心一言和阿里的通义千问也加入了激烈的竞争中，尽管与Azure相比，这些产品在综合能力上还有待加强，但国内厂商提供的SaaS服务在数据安全和合规性方面更具优势。

私有云部署方式相较于SaaS服务更注重数据安全，以及模型自定义和垂直行业定制化能力，但是需要有百度或亚马逊WEB服务（AWS）所具备的强大的计算能力。这种方式可以更好地服务于较为专业的客户，充分利用客户提供的行业知识，同时保证不被竞争对手利用。更柔性的服务器使用策略也让这种方式比本地化部署的前期投资大为减少。综合来看，这是目前国内垂直行业客户最可行的实现方式。

本地化部署方式有非常多的选择。学术界有清华大学的ChatGLM、斯坦福提供的Alpaca，企业侧则有Databricks的Dolly、Scale.ai的图像专精的大语言模型等，但本地化部署方式不仅面临高昂的成本，还面临无法确定的使用效果。因此，本地化部署目前仍处于非常早期的阶段，是否可以进一步应用还有待后续观察。

中国企业部署生成式人工智能的六大应用要点

1. 业务驱动

98%的全球高管均认同，未来3~5年，人工智能基础模型将在自身的企业战略中发挥重要作用，[4] 但在整个组织中全面推广并非易事。企业可以先通过尝试生成式人工智能的诸多功能，累积早期成功并得到变革倡导者和意见领袖的支持，不断提高员工对新技术的接纳程度，为进一步普及创造所需条件，进而启动转型和技能再培训议程。

企业需双管齐下地进行尝试。其一，专注于容易获得的机会，使用现有的模型和应用迅速实现回报。其二，着力使用根据自身数据定制的模型来重塑业务、进行客户洽谈以及研发产品和服务。业务驱动型思维是定义并成功建立应用模式的关键。

2. 以人为本

为了在生成式人工智能方面取得成功，企业高管需要像重视技术那样，关注人才及培训。因此，他们需要大幅增加对人才的投资，以应对创建人工智能和使用人工智能所面临的挑战。这意味着：一方面，企业需要在人工智能设计和企业架构等技术能力方面培养人才；另一方面，企业需要培训整个组织的人员，使他们有效地与人工智能化的流程合作。

企业还应设立全新岗位，包括语言学专家、人工智能质量控制员、人工智能编辑和提示工程师。对于生成式人工智能最有前途的领域，企业应当首先将现有工作分解为基础任务组合，然后评估生成式人工智能可能影响每项任务的程度——完全自动化、人员增强，或与之无关。

3. 准备专有数据

生成式人工智能的基础模型需要大量精心组织的数据来学习，因此，破解数据挑战已成为每家企业的当务之急。

企业需要采用战略性、规范化的方法来获取、开发、提炼、保护和部署数据。具体而言，企业应依托云环境构建现代化的企业数据平台，其中包含一组可信赖、可重复使用的数据产品。凭借此类平台的跨职能特征、企业级的分析工具，以及将数据存储在云

4.《技术展望2023》，埃森哲。

端仓库或数据湖当中，数据能够摆脱组织孤岛的束缚，在整个企业中被普遍应用。随后，企业可以在某一地点通过分布式计算策略（如数据网格），统一分析所有业务数据。

4. 投资建设可持续技术

为了充分满足大语言模型和生成式人工智能的大规模计算需求，企业需要考虑自身是否拥有合适的技术基础设施、架构、运营模式和治理结构，同时密切关注成本和可持续能源消耗。企业必须设法从成本和收益的角度，评估比较这些技术与其他人工智能或分析工具，后者可能更适合特定的应用模式，并且成本仅为前者的几分之一。

随着人工智能使用量的增加，底层基础设施产生的碳排放也会随之增加。因此，企业需要建立一套强有力的绿色软件开发框架，在软件开发生命周期的所有阶段考虑能源效率和材料相关排放。人工智能还可以发挥更广泛的作用，使业务更具可持续性，并实现环境、社会和治理（ESG）目标。我们调研发现，在生产和运营环节成功减少排放的企业中，70%都使用了人工智能。[5]

5. 加速生态系统创新

创建基础模型是一项复杂、成本高昂的计算密集型工作。除了全球顶级企业外，几乎所有组织都无法仅凭一己之力完成该任务。不过，得益于超大规模云服务机构、科技巨头和初创企业的海量投资，企业如今可以借助新兴生态系统的力量。仅在2023年，全球对人工智能初创公司和成长阶段公司的投资预计将超过500亿美元。[6]这些合作伙伴能够带来经过多年打磨的最佳实践，并为特定应用模式下如何高效而有效地应用基础模型提供宝贵洞见。拥有恰当的合作伙伴网络——包括技术企业、专业服务商和学术机构，将成为驾驭变革的关键。

6. 提升负责任人工智能水平

在埃森哲2022年面向全球850名高管的调研显示，受访者普遍认识到了负责任人工智能和人工智能监管的重要性，但仅有6%的企业认为，自身已打造了充分稳健的负责任人工智能基础。毫无疑问，建立一套稳健、负责任的人工智能合规体系是企业的当务之急。这包括两方面的事项——建立控制流程，在设计阶段评估生成式人工智能应用方式的潜在风险；制定明确措施，在整个业务中嵌入负责任人工智能方法。

企业的负责任人工智能原则应当由高层来定义和领导，并转化为有效的风险管理和合规治理架构，包括组织原则和政策以及适用的法律和法规。负责任人工智能的使用必须由首席执行官引领，从加强培训和意识培养开始，然后扩展至关注执行与合规。

目前，中国企业正处于人工智能取得突破性进展的关键时期。企业需要像对待技术投资一样，对不断发展的业务运营和人员技能培训进行持续投入，才能实现人工智能技术跨越式的变革。◢

杜保洛
埃森哲首席技术与创新官

卢珊
埃森哲大中华区企业技术创新事业部董事总经理

业务垂询：accenture.direct.apc@accenture.com

5.《生产力J曲线：无形资产如何补充通用技术》，美国经济协会（aeaweb.org），https://www.aeaweb.org/articles?id=10.1257/mac.20180386。

6.《人工智能投资的步伐放缓，但人工智能的热度仍超越以往》，《福布斯》，2022年10月，https://www.forbes.com/sites/joemckendrick/2022/10/15/pace-of-artificial-intelligence-investments-slows-but-ai-is-still-hotter-than-ever/?sh=853d8124c76c。

提要: 打造负责任的生成式AI，防范合规、数据、用户以及价值风险，需要在生成式AI基础模型的设计之初就未雨绸缪，并在其全生命周期中持续领航匡正的系统性工程。

防范生成式AI四大风险

文 陈泽奇

今，ChatGPT的诞生激发了前所未有的创造浪潮，也让公众直观地感受到生成式AI的力量。但缺少规范的技术如同一个尚未辨知善恶的新生儿，在带给人类极大帮助的同时，也潜藏着新的风险。

新加坡《海峡时报》就曾报道，某科技企业工程师在借助ChatGPT处理工作时，无意中将产品核心数据输入其中，导致商业机密外泄。越来越多的ChatGPT用户也发现，在与AI对话时会收获一些细节丰满的故事，甚至言之凿凿的文献参考，但实际上这些并非真实信息，而是生成式AI的"模型幻想"（model hallucination）。

生成式AI风险何在

对企业而言，生成式AI将改变工作方式、重塑商业模式。越来越多的企业已开始积极探索相关应用，以期提升创新效率、实现高质增长，但生成式AI的风险同样需要引起重视。

首当其冲的就是合规风险，它贯穿于模型设计、搭建、使用各个阶段，并会产生长远的效应。比如生成式AI基于学习需要而对用户数据的留存、分析是否侵犯了个人和商业隐私以及相关数据保护法案；它在借鉴创意作品（如画作）的过程中，是否侵犯了作者版权和著作权；由此产出的作品又是否可用于商业用途；甚至使用生成式AI本身，是否违反了部分国家和地区的法律法规。

同样可能在生成式AI的生命周期中出现的还有数据风险。生成式AI的运作核心是机器学习，其价值与数据的质量和真实性密切相关。如果一台基础模型长期浸染在存有偏差的数据当中，它就会被这些数据"诱导"，从而输出错误的信息或执行歧视性操作。某些群体特质也会使生成式AI为其打上固化标签，"一刀切"地去执行某些程序，从而失去了应有的公平性。

此外，用户风险也是需要重点关注的一环。事在人为，生成式AI的价值高低，很大程度上取决于使用它的人。我们需要通过一系列的法律法规、流程规范来防止人类有意、无意地使用生成式AI造成负面影响。

价值风险也是企业和用户应该考虑的要点，使用生成式AI是否有违社会、企业和个人的价值文化？例如，《麻省理工学院技术评论》就曾指出，训练一台普通AI模型所消耗的能源，相当于5辆汽车全生命周期排放的碳总量。为此，在部署AI战略的时候，我们必须思考相关碳排放是否会减缓乃至抵消企业的零碳进程，继而有所取舍。

负责任的AI，促进业务增长

令人庆幸的是，大多数的政府部门和企业已经意识到让生成式AI"更有责任感"的重要性，并开始采取积极行动。埃森哲最新全球调研显示，97%的受访高管认为自身企业将受到AI相关监管法案的影响，77%将对于AI的监管列为优先事项。此外，有80%的受访者表示，他们将投入10%或更多的AI总预算，以满足未来的监管要求；69%的受访高管表示，其所在企业已经开始尝试负责任的AI实践，但并未将其作为运营基础。

值得注意的是，不少受访者认为，合规的AI将为其提供额外的竞争优势——43%的高管认为这将提高他们将AI产业化和规模化的能力，36%认为它将为竞争优势和差异化创造机会，41%认为它可以帮助吸引和留住人才。

与之相应，在2022年埃森哲发布的《AI成熟之道：从实践到实效》报告中，我们还发现，有13%的受访企业成功使用AI技术实现了超过50%的收入增长，同时在客户体验（CX）和环境、社会与企业治理（ESG）方面表现出色。相较于普通企业，这些"AI领军者"更加注重从设计企业各个环节的时候就把负责任的AI列为优先事项。

新加坡是金融科技的沃土，不少机构都已开始将AI技术用于信用卡审批、保险理赔等金融服务领域，在大幅提升工作效率的同时，显著降低运营成本。作为监管方，新加坡金融管理局看到了其中隐含的风险——如果放任AI自我学习，可能造成潜在的群体歧视。

为此，新加坡组建了一个由25家机构组成的行业联盟，并在2018年发布了以公平、伦理、问责、透明为核心的"FEAT原则"，为金融机构采用负责任AI提供指导。作为开发小组成员，埃森哲为其打造了用于评估模型公平性的工具包，以保证FEAT原则的执行。

目前，埃森哲与新加坡金融管理局仍保持着密切协作，在整个行业深化推进负责任AI的落地与优化，为金融机构提供建议，并致力于培养一批拥有相关知识和经验的专业人员，鼓励更多科技企业创建符合FEAT原则的AI解决方案。

设计负责任的生成式AI

虽然多数企业已经认识到培育负责任AI的价值，并正致力于此，但只有6%的企业建立了负责任的AI基础原则，并付诸实践。过于传统的组织架构、风险管理框架、生态伙伴、AI人才和考核标准，都是限制企业成功的主要因素。

埃森哲建议，企业可以从原则与治理，风险、政策与管控，技术与支持，文化与培训四个层面入手，通过设计让生成式AI变得更负责任。

原则与治理： 在最高管理层的支持下，定义并阐明负责任AI的使命和原则，同时在整个组织中建立清晰的治理结构，以建立对AI技术的信心和信任。

风险、政策与管控： 加强对既定原则和现行法律法规的遵守，同时监测未来的法律法规，制定降低风险的政策，并通过定期报告和监控的风险管理框架实施这些政策。

技术与支持： 开发工具和技术来支持公平性、可解释性、稳健性、问责制和隐私等原则，并将其构建到AI系统和平台中。

文化与培训： 推动领导层将负责任AI提升为一项关键的业务，并为所有员工提供培训，让他们清楚地了解负责任AI原则以及如何将这些原则转化为行动。

在生成式AI的发展道路上，价值与风险并存，关键在于设计、搭建、使用它的企业和个人如何作为。打造负责任的生成式AI，则可以让创新科技的成果合规、安全、平等地惠及每一家企业、每一个人。◪

陈泽奇
埃森哲大中华区董事总经理、首席数据科学家

业务垂询：accenture.direct.apc@accenture.com

美妆科技，
组织先行

专访欧莱雅北亚及中国人力资源
副总裁 沈琳

访　黄卫红、滕樱佳
文　陈双、吴津

欧莱雅于1997年进入中国内地市场，深耕26年，不仅为中国消费者带来经典广告词"欧莱雅，你值得拥有"，更是把中国打造成为欧莱雅集团全球第二大市场。2018年，欧莱雅提出全新发展愿景——"从美妆公司转型成为美妆科技公司"，既拥有行业领军者的实力和魄力，又兼备科技初创企业的创新和敏捷。

在欧莱雅北亚及中国人力资源副总裁沈琳看来，美妆科技这一宏大目标的实现离不开敏捷、高效的组织架构，以及欧莱雅所有员工拥抱转型的意愿和决心。HR在这一过程中扮演着十分重要的角色，他们需要高瞻远瞩，站在"业务"和"人"的角度，突破职能边界，充分发挥人才、数据和技术的合力，助力欧莱雅实现发展愿景。

在此次《展望》的专访中，沈琳女士通过自身职业转型的经历为我们讲述欧莱雅如何以"人"为中心，打造员工同样"值得拥有"的美妆科技公司，也全面解读了在新时代以"业务"为导向下，欧莱雅HR团队的职能变化、北亚区人才交流实践等话题。

《展望》：回顾您在欧莱雅20余年的职业生涯，我们了解到您在入职欧莱雅伊始是负责法务工作的，是什么契机让您转向人力资源的职业发展道路？

沈琳： 促使我走出律所、加入欧莱雅很重要的一个原因，可以归结于个人的梦想和激情。我希望能够实现自我驱动，对身边的人、组织、社会产生更多积极的影响，人力资源无疑是一个绝佳的平台，能够实现我的梦想。现在回头看看，我可以很骄傲地说，欧莱雅为我提供了更广阔的发展空间，让我可以看得更广、走得更远。从法务转到欧莱雅苏州工厂做HR经理，则充分体现了欧莱雅"以人为本"企业文化中Bet on people这一点，我们相信员工的能力，并为他们提供无界的发展空间。尽管20多年前的我完全没有人力资源管理的经验，但公司仍然愿意给像我一样的内部员工提供这样宝贵的职业转型机会，这就是远见。

我是一个对"业务"和"人"抱有极大热情的人，所以我推动的HR战略转型始终以这两者为中心。我把自己定位在人事通才的角色，希望可以对业务部门、对业务部门的组织和员工产生更多的影响。这也体现在我们推行的HR转型策略之中，包括如何建立中国以及北亚区更加可持续的HR战略，如何进行生态圈的建设，以及如何用数字化能力去支撑企业人才战略的制定。

> ❝
>
> **在招聘人才的时候，我希望这个候选人是有远大目标的。也许当下你只是在做眼前的工作，但我们也希望你有'梦和远方'，当你怀揣更长远、更宏大的目标去做事情时，你就会对组织做出更大的贡献，产生更大的影响，同时，你所获得的成就感也会更大。**
>
> ——沈琳

《展望》："以人为本"对欧莱雅来说不单单是一句口号，而是真正地去提升员工的工作效率、幸福感和归属感。那么欧莱雅采取了哪些创新的举措来践行这一理念？

沈琳： "以人为本"这一企业文化对于外部人来说可能没有那么具象，但在欧莱雅工作的员工都有很深刻的体会。员工只有在组织里体现自身价值、被认同，这样他才会有成就感、幸福感和归属感。就像我们的雇主价值主张所强调的"敢为，敢超越，创造美让世界为之所动"（Freedom to go beyond, that's the beauty of L'Oréal），我们一直强调要"赋能员工"，鼓励员工敢于破圈尝试，超越职能壁垒和发展边界，持续创新与共创。欧莱雅会为员工创造一个很好的平台，根据每个人的个性，帮助他们去实现自我、超越自我、不断破圈。

欧莱雅集团旗下共有36个品牌，我们组织架构的设计都是以品牌为单位，每一个品牌都像一家独立的公司，有完整的领导和品牌团队。我们赋予了这些领导更多的自主权，培养他们的企业家精神，去推动自己品牌的发展，这也是欧莱雅企业文化一直倡导的创业精神。同时，这也带动了公司所有部门的领导赋能员工的文化，领导层充分放权给员工，让他们去做提案，员工也更积极地参与到品牌建设中来。当员工看到自己做的事情对企业做出了贡献，他们就会有自我成就感，也会越做越好，这就是"以人为本"文化的体现。

我们对员工发展和评估体系也进行了重大变革，由原来一年两次单纯的绩效评估，改为领导和员工一年进行有规律和有意义的多次对话（connect）。HR也在这其中积极地帮助双方转型，建立及时沟通的机制。我们深知现在市场、工作节奏变化很快，领导和员工很难通过一年两次的评估，做到有效的相互了解。而有规律、平等的沟通对话机制，一方面能让员工清楚了解领导对他个人的评估和期望，另一方面，领导也能及时获得员工的反馈。

我们通过不同的形式来倾听员工的声音，了解和关注员工需求，从而提供全面及个性化的福祉。例如，我们每年做的员工调研、我们和埃森哲合作的项目100 Voices*以及我们倡导的反向导师（Reverse Mentoring）机制、员工圆桌会议等，都可以很好地诊断整个组织大的发展方向有没有偏离轨道，哪些领域我们还能做得更好，持续改进。比如为了给员工提供更好的福利产品兑换体检，我们专门在办公室开辟了线下店，员工既可以在弹性福利平台（O-Flex）线上兑换福利，也可以去欧加礼线下店铺（Free Goods Shop）进行兑换。

欧莱雅Connect项目

*编者注：欧莱雅携手埃森哲开展的100 Voices项目，旨在通过深度访谈，了解欧莱雅中国员工的需求、期望与热衷点，以此策划一系列活动来满足员工的诉求。

一年一度欧莱雅家庭日活动

我们还加大了对员工培训的投入，数字化在这方面可谓是卓有成效。例如，我们微信平台的培训小程序SPARK（享学）就涵盖了不同业务领域和类型的课程，员工可以随时随地在上面学习，我们分散于各地的线下销售员工在SPARK平台的活跃程度是最高的。我们也与得到和喜马拉雅携手合作，从他们的内容中筛选一些适合我们员工的课程，放到SPARK平台上，员工可以根据自己的喜好自由选择，这些都受到了员工的欢迎。因为SPARK这个项目，欧莱雅近几年在全球和亚太区屡获殊荣，包括"商界奥斯卡"史蒂夫奖（Stevie Awards）、"人力资源管理奥斯卡"布兰登霍尔（Brandon Hall）金奖等等。

> **"** 员工需要不断培养、提升自己的能力，才能跟上不断变化的时代脚步，而企业则要尽可能为他们提供足够多的学习机会。**"**
>
> ——沈琳

《展望》：可持续发展是目前每家企业都需要考量的问题，埃森哲也提出了"可持续是新的数字化"这一观点。那么作为企业的HRVP，您认为欧莱雅应该如何顺应可持续发展趋势，承担相应的社会责任？

沈琳："欧莱雅，为明天"是欧莱雅面向2030年的可持续发展承诺。那么同样，我们的人力资源也秉持可持续发展理念，推出了很多项目去配合这一承诺。

例如，HR部门和企业事务与公众联动部（CA&E）合作，推出了"欧莱雅，为青年"的项目。我们长期关注年轻一代的职业发展，在如此复杂多变的市场环境下，我们认为，除了持续提供就业机会之外，更重要的是通过提供相关培训和职业辅导，为年轻人的就业能力赋能加码。欧莱雅创变实验室（L'Oréal Academy）便是成功的实践之一，我们提供多种在线课程和实践项目，涵盖数字化转型、大数据应用、智能供应链等前沿话题及企业先进的管理理念和实践，在校学生都可以报名学习。欧莱雅创变实验室仅在2022年就覆盖了28万多名在校学生，其中一些优秀的学生还有机会参加我们的夏令营活动，或者直接获得欧莱雅的校招绿卡。此外，我们还有"欧莱雅YOUTH BANG青年创业营"等项目。我们

"欧家树洞"项目

可以说，欧莱雅不仅仅是在狭义的财务方面创造价值，我们还希望在更广的维度为我们所处的社会创造360°价值。

《展望》：埃森哲近期发布的《埃森哲全球首席人力资源官研究》报告中指出"高增长型CHRO正在引领其他管理者加强跨部门协作，解锁数据、技术、人才的合力"。近些年，您观察到欧莱雅集团HR团队的定位有哪些变化？未来的发展趋势又如何？

沈琳：2018年，欧莱雅新任董事长安巩先生（Jean-Paul Agon）提出要将集团从一家美妆公司转型成为美妆科技公司的宏大愿景。从业务端来说，原本已在美妆行业领先的欧莱雅，需要推动自身把业务更多地向"美+技术"发展，从组织这个维度来看，我们需要从上到下积极采取一系列行动和变革，助力这一宏大发展目标的实现。HR团队由此提出一

着眼于更宏大的目标，去帮助年轻群体，即使他们最后没有加入欧莱雅，我们依旧希望可以尽自己的绵薄之力，去助力他们大胆创业、多维发展。我们还有倾听青年就业或职场焦虑的"欧家树洞"项目，很多员工作为导师，持续为年轻人提供各种相关的就业指导。"有意思青年"高校公益挑战赛则是让学生直接体验欧莱雅销售的工作，相关收益我们用于资助困难学生。总而言之，欧莱雅非常重视青年一代，也特别期望与青年一代共创可持续的未来。

在企业内部，我们的欧莱雅"全世代"计划（L'Oréal for All Generations）则针对特定群体推出了不同的举措，比如财务管理培训、补充商业保险、退休计划、跨世代的沟通课程等。我们深知员工在不同的人生阶段所关注的内容和个人需求是不一样的，我们的项目就要去契合员工不同的需求，让员工各取所需，武装自己，更好地保护自己及家人。我们还设有企业公民日和Beauty of Inclusion Award（包容之美奖）等内部公益项目。此外，欧莱雅百库公司也招聘了很多残障人士，希望这些举措都能够切实地帮助到更多的人群，对社会产生积极的影响。

欧莱雅"全世代"计划

欧莱雅管理培训生项目

个新的愿景：成为最包容、最创新、最鼓舞人心的以人为本的公司 (Be the most inclusive, innovative and inspiring people driven company)。"以人为本"，是欧莱雅集团一直提倡和传承的企业文化。在新的口号里，除了更多地强调包容性、多元化以及创新，为了达成美妆科技企业这一目标，我们还要思考如何才能更好地赋能员工，一起去"创造美，让世界为之所动"(Create the beauty that moves the world)——通过"美"，对社会产生积极影响，这也是我们组织的使命。

我们不断地向HR团队灌输新思路和理念。刚开始肯定是有困难的，因为团队对转型方向不是很清晰，所以我们确定了几大抓手。

第一，职能扩展。说到HR转型，传统意义上，HR的工作都是按照功能划分，吸引、招纳、发展、留用人才等等。但在欧莱雅，HR的职能划分和战略制定已经打破了固有的定义，更多的是以"业务"和"人"为中心，从怎样能更好地服务业务发展、服务员工这两个角度去制定HR战略。我们HR战略之一就是要持续为组织赋能，这涉及组织的各个部门，HR需要突破职能边界，通过跨界合作，了解如何更好地去和其他业务团队进行合作，未来，欧莱雅的工作将会变得更加无界 (boundless)。

第二，文化建设。HR需要积极地建设多元、包容的企业文化。文化是欧莱雅的基石，我们能够达成今天的成就，有超强的自进化能力，和企业的文化有很大关系，而每一位员工都在文化建设中扮演不同的角色。欧莱雅中国共有超过1.4万名员工，我们尊重并包容员工作为独立个体的多元性，为他们提供足够的空间和自主权，如果一家企业不希望每位员工的思维与工作方式都千篇一律，那么HR在招聘时就要考虑如何保持员工多元化。比如欧莱雅在招聘管理培训生 (L'Oréal seedZ) 时，我们更关注学生的五大潜能，即：学习力 (Learning Agility)、复原力 (Resilience)、感知力 (Empathy)、渴望力 (Ambition) 和决断力 (Judgment)，而不单纯以学校、学历和专业作为选拔标准。我们也把包容性贯彻到组织人才和领导力培训中，每个人都可以为实现欧莱雅2030的宏大愿景而努力。

第三，组织敏捷。我们必须要做到轻盈和灵动。组织越大，在推动变革时面临的挑战就会越多，受到的阻力也越大，战线也会拉得越长。所以欧莱雅持续致力于实现组织精简（Simplicity），不断提高组织的敏捷性。

　　未来，我认为组织设计不但是企业高层需要考量的问题，更是HR需要加强的能力。HR不仅需要参与到业务不同阶段的微观组织设计中去，也要努力推动企业高层做企业整体组织架构设计。例如，HR在欧莱雅数字化转型起步阶段就扮演了十分重要的角色，我们参与了企业数字化人才招聘和培训的工作，为组织培养、输送了足够多的数字人才，很好地抓住了数字化转型的机遇。其中，我们在培养领导层的数字化能力方面做了很多工作，让他们快速具备了数字能力，可以很好地理解、评估各部门数字化项目的实施成果，并给出切实可行的建议，有效地使数字化渗透到企业的方方面面。

> **"**
> **HR不能只局限于自己的职能，还要有宽广的眼界，要更多地以'业务'和'人'为中心去规划企业层面的人才发展策略，再落地到能力扩展。"**
>
> ——沈琳

《展望》：您觉得未来HR是会继续朝这个方向发展，还是会有新的变化？技术、数据在这当中又会起到什么样的作用？您又怎么看待技术、数据和人才的合力？

沈琳：转型方向是不会变的。就像我们做生意一样，万变不离其宗，不管出现什么新的技术、新的业务模式，本质上都要服务于企业业务战略，服务于消费者。那么对HR来说，就是如何更好地做到以员工为中心。

　　在这个过程当中，技术、数据都是帮我们实现以员工为中心HR战略的重要工具和手段。在企业宏大且清晰的发展愿景之下，做到以"业务"和"人"为中心，需要我们去不断平衡技术和人之间的关系。大家现在都在谈论ChatGPT，我不觉得它一定会完全取代人类的工作岗位，但在一个更宏大的愿景下，我希望它能够帮助HR实现更好的员工体验。近年来，欧莱雅的管理培训生招聘也引入了AI技术来辅助评估，但同时，我们还会配套设计很多线下的活动和环节，以确保候选人有一个好的体验。此外，谈到混合办公模式，虽然技术可以大大实现效率的提升，但人与人之间面对面的沟通依旧重要，所以我们还是鼓励员工尽可能去办公室办公，但也可以申请每周两天居家办公。

　　我观察到，员工近些年的改变也非常大。随着技术的发展、社会发展节奏的加快，数字化可以替代人类去完成很多工作，受疫情影响，员工也承受着来自身心健康和对未来不确定的各种压力，需求更多样化，这对HR来说也是一个全新的议题。所以我们专门设立了员工福祉创新与实践部门（Social Innovation），以持续创新的方式和手段来关注员工的身心健康和福利福祉。

总而言之，我觉得还是需要非常理性地去思考技术、数据跟人才的合力。欧莱雅在数字化人才培养方面有很好的实践，我们相信我们有能力去做未来人才的培养和储备。比如前面所提到的管理培训生项目（L'Oréal seedZ），在中国，该项目始于1998年，在25年间不断传承和创新，为欧莱雅培育了大批具有多元背景和巨大潜力的青年人才。而且我们观察到，"萌新"不仅仅是被动吸收知识，他们也将很多新理念反哺给欧莱雅的中高层，这样就形成了企业内部知识的循环。扎实的人才储备为欧莱雅成为全球最大美妆集团奠定了坚实基础，也是我们能够保持敏捷与灵活的重要原因之一。

此外，在选择技术和数据的时候，我们还是会考量它们是不是真的可以服务于人。有的公司为了提升效率，会采用很多技术去衡量、统计员工开会、沟通的时间。欧莱雅对此一直都比较慎重，我们觉得还是要给员工一定的空间，相比去追踪员工工作的各种数据，我们更希望看到的是他们取得的成就。我们会考虑如何用这些数据来赋能员工，而不是去监督他们的工作。通过这些数据，员工可以去衡量自己的时间分配是否合理，应该如何提升效率等等。

《展望》：我们知道，您同时也负责整个北亚区的HR工作。纵观整个北亚区，欧莱雅是如何释放更多人才潜力，推动北亚协同发展的？

沈琳： 整个北亚区人才战略的制定也是以集团2030的愿景为基础，通过以消费者为导向，把中、日、韩市场划分为北亚区，各自成就，相互影响，促进发展。这几个市场的消费端是相互影响的，目前日韩对中国美妆领域的影响会大一点，但将美妆和科技结合之后，中国则会对其他市场产生更大影响。

从这个角度来说，在人才培养方面，我们也预见到了更多的机会。尽管过去几年疫情对中国市场有所影响，但是欧莱雅集团一直坚信中国市场的潜力，深耕中国。借北亚区之力，中国市场能够更好地和海外市场对接，并在集团内产生积极影响，这也是为什么我们把北亚区的中心放在了上海。一方面，此举可以助力欧莱雅中国人才的发展，我们不但引入了北亚区其他市场的视角，同时也能以北亚区为平台，推动人才流动，增加了中国人才在北亚区的曝光度。另一方面，我们发起了一个名为NA50（北亚50）的项目，希望一年能够推动至少50位员工海外交流的机会，通过2~3年的人才交换，我们可以对中国及北亚区的人才起到直接补充的作用，这对整个北亚区的发展都有利。此外，我们也有6~9个月的短期海外交流机会，这样可以减少员工的各种顾虑，让他们更乐意去尝试。我们相信，这些人才交流的举措可以为欧莱雅北亚乃至整个集团都带来新的成功实践和灵感来源。

采访后记

埃森哲在《埃森哲全球首席人力资源官研究》报告中指出"（CHRO）深入企业各个角落，挖掘全新价值流……对企业的方方面面产生积极影响，引领管理层加快推动企业内外部变革。"在对沈琳女士的采访中我们深刻地体会到了理念和实践的完美结合。

"美""科技""业务""人""青年""愿景"和"可持续"是沈琳女士在采访中反复提及的内容。这些不但是欧莱雅HR战略的关键词，也为我们清晰地勾勒出沈琳女士和她的团队有别于传统HR严肃、刻板、远离业务的形象：她们怀揣着对"业务"和"人"的热情，肩负实现企业宏大愿景的使命感，不断突破职能边界，积极推动业务增长，持续提升员工体验，努力践行"成为最包容、最创新、最鼓舞人心的以人为本的公司"的HR愿景。从他们身上，我们看到了"敢为，敢超越，创造美让世界为之所动"的真正内涵。◢

▼

黄卫红
埃森哲大中华区人力资源总裁

滕樱佳
埃森哲大中华区战略与咨询消费行业总监

业务垂询：accenture.direct.apc@accenture.com

重塑增长：

2023埃森哲中国企业数字化转型指数

文 朱虹、宋涵、邱静、何珊

提要：数字化转型的战略方向已经从"业务求新"进化到"全面重塑"。实现全面重塑的企业将领先跃变，在面向未来的竞争中占据先机，成为新的明日之星。

识变：跨越数字化转型的激流

近年来，全球宏观环境中的不确定性和复杂程度在不断增加。消费者、气候变化和技术这三项因素，正推动全球商业环境发生深刻转变。企业正处于变局的激流之中，面临窗口更短、挑战更多的"挤压式转型"。如果企业依旧按部就班、按照传统渐进的转型规划与路径行进，很有可能丧失未来竞争的主动权。加速转型是当前对抗风险、稳定经营、维持增长的必由之路。

中国企业也承受着来自内外部的多重压力（见图一），并且数字化转型面临高要求、多维度的挑战。鉴于此，中国企业对数字化转型的思考，已经从单一的技术视角扩展到更多维度，企业开始把数字化作为整体转型战略来讨论，而非停留在技术革新的层面。

图一 中国企业面临多方压力挤压

经济复苏不及预期

GDP增速低于2035年远景中期增速目标底线4.75%

"三驾马车"承压

全球供应链重构

全球供应链压力指数在疫情期间经历了前所未有的剧烈波动，布局逐步呈现

区域化

工作技能转变

世界经济论坛研究显示，中国

42%

的核心工作技能将在未来五年发生改变

企业利润率下降

2023年1—6月全国规模以上工业企业实现利润总额同比变化

-16.8%

网络安全成企业生命线

中国网络安全市场增速持续领跑全球，预计2021—2026年五年复合增长率（CAGR）将达到18.8%，增速位列

全球第一

可持续的压力和红利

世界经济论坛分析显示，到2030年，中国经济如果能实现向"自然受益型经济"转型，每年有望带来

1.9万亿美元

的新增商业价值

数据来源：国家统计局、IDC、纽约联储、世界经济论坛。

应变：全面重塑 领先跃变

有挑战，就有机遇。抓住有限的时间窗口解决所面临的多种难题变得尤为重要。大多数中国企业正加快转型速度，将技术应用于更广泛的流程和业务场景。2023埃森哲中国企业数字化转型调研显示，有超过半数（53%）的中国受访企业表示计划继续加大数字化投入。

中国企业的数字化转型主题也在不断演进。越来越多的中国企业开始把数字化转型视为战略选择。对技术的讨论和应用不断扩展了企业的业务可能性。企业对人才、可持续责任的认知也在不断提高，这为企业发展提供了新的竞争优势。

中国企业开始意识到，当下不确定性已经将企业带到了一个关键节点，数字化转型进入"重塑"这一全新阶段：企业需要重新审视转型的愿景与战略；通盘考量并最大化发挥技术的价值；化多元挑战为多方价值，从更加广泛且深入的维度对企业进行重塑（见图二）。

图二 开启全面重塑：企业数字化转型新阶段

"企业全面重塑"是一项深思熟虑的战略，旨在为企业甚至行业设定竞争新前沿。该战略依托于强大的数字核心能力，助力企业优化运营、加速增长。

资料来源：埃森哲。

2023埃森哲中国企业数字化转型调研显示，有2%的中国企业致力于开创新前沿，开启全面重塑新征程，我们称这些企业为"重塑者"：它们目光远大，不局限于今日最佳，以开创明日竞争新前沿为目标；它们行动有力，以强大的数字核心能力重塑各业务、各职能；同时，重塑者注重价值多维，普遍聚焦全方位绩效，实现广泛的360°价值。但是与全球领先企业相比，中国企业的重塑表现尚有差距：埃森哲企业全面重塑调研显示，全球企业中，重塑者占比8%，北美和欧洲的重塑者占比分别为8%和6%。

埃森哲研究发现，积极投入全面重塑战略的企业，能够形成更广泛和坚实的整体合力，在财务维度、技术回报和360°价值维度上均能脱颖而出，超越同行企业（见图三）。

图三 重塑者实现多维度的卓越绩效

重塑者 vs. 其他企业

+10%
更高的营收增长

+13%
更优的成本改善

1.3倍
从转型开始后六个月的数据来看，重塑者报告的财务价值达到了其他企业的1.3倍，迅速化技术为成果

76%
76%的重塑者表示设定非财务目标非常重要，它们积极谋求360°全方位价值（其他企业仅有30%）

32%
与业内同行相比，重塑者的可持续发展绩效高出逾三成

11%
与业内同行相比，重塑者的人才体验绩效高出11%

注：①调研问题：a.就以下维度而言，您希望所在企业的重塑战略实现何种财务价值？b.在以下时间段内，您所在企业已经/期望实现的财务价值占到了目标价值的多大比例？c.在设定转型目标时，非财务目标有多重要？②"可持续发展"基于环境、社会和公司治理（ESG）数据。③"人才体验"基于"理想状态"（Net Better Off）成果，包含企业在薪酬与福利、工作与生活平衡、就业质量、职业健康与安全、文化与价值观以及人力资本发展六个方面的表现。
数据来源：埃森哲企业全面重塑全球高管调研（N=1516）；Capital IQ、Glassdoor、Arabesque、标普全球数据库，埃森哲商业研究院分析。

受宏观环境不确定性的影响，2022年中国企业聚焦运营和成本优化，创新力度明显减弱，2023年这一趋势延续，业务创新活跃的领军者占比降至9%。这其中，有1%的企业进化成为重塑者：这些企业不仅积极借助数字化力量开拓新业务，还推动企业内部的重塑，打造竞争新前沿（见图四）。

全面重塑的开启也给企业带来弯道超车的机会，有一半的重塑者来自非领军企业。在挤压式创新的时代，转型路径不再是渐进的平滑曲线，践行全面重塑的企业有机会完成跃变，成为新的明日之星。

图四 从业务转型到全面重塑：进化与跃变

转型领军者占比（2018—2023年）

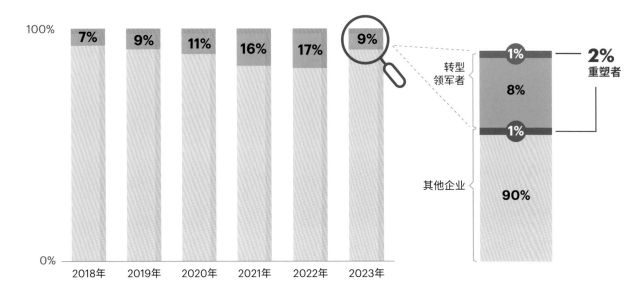

注：从业务转型的程度出发，过去三年新业务营业收入在总营业收入的占比超过50%的企业被定义为"转型领军者"。
数据来源：2023埃森哲中国企业数字化转型调研（N=553）。

重塑埃森哲数字化转型指数，锚定企业重塑五大关键能力

埃森哲自2018年起开展数字化转型指数研究，基于对转型领军者数字化能力的洞察，开发了中国企业数字化转型指数，连续追踪转型进程，中国企业成绩斐然。2023年是该系列研究的第六年，数字化转型的广度和深度极大扩展，结合中国企业转型新趋势，对标重塑者，埃森哲将原有的数字化能力进行迭代与扩展，识别出竞争新前沿、全局性拉通、打造数字核心、融入可持续、释放人才力量五大关键能力，追踪中国企业全面重塑新征程（见图五）。

该指数体系共有三级，包含5大维度，18个二级指标，48个三级指标，分值为0~100。数据由下至上逐级加总平均，最终得到数字化转型指数总分。100分代表当前所能预见的最先进状态的数字企业。该指数评估企业全面重塑的进程，描绘各行业在数字能力构建历程中所处的位置。

图五 重塑埃森哲数字化转型指数

数字化转型指数
2018—2022年

主营增长

智能运营

商业创新

数字化转型指数（重塑版）
2023年

开创竞争新前沿

释放人才力量

加速增长

打造
数字核心

优化运营

融入可持续

全局性拉通

---

01 开创竞争新前沿
设定面向未来的目标，定义未来能力

---

02 全局性拉通

02-a 加速增长
- 通过孵化和并购持续优化业务组合
- 打造以客户为中心的体验和互动连接
- 持续实现敏捷的产品与服务创新

02-b 优化运营
- 打造无障碍的生态化组织
- 建设智能生产和柔性供应链
- 重塑流程，实现业务数据驱动的自主决策和响应

---

03 打造数字核心
- 以云为先构建基础设施，对所有云平台进行管理和优化
- 为大模型构建现代化数据平台，充分利用人工智能/GenAI工具
- 技术平台可扩展，应用可组合，在整个技术架构中实现无缝连接
- 采取安全防护措施应对不断增加的风险和威胁

---

04 融入可持续
- 可持续的战略与愿景
- 可持续的业务与产品
- 可持续的企业运营

05 释放人才力量
- 掌舵未来的转型领导团队
- 技术赋能和技能升级打造未来员工团队
- 拥抱变化的文化和变革管理

基于中国企业数字化转型指数（重塑版），埃森哲评估了中国企业的重塑表现。2023年中国企业整体得分为44分，进一步拆解可以发现，在全面重塑关键能力的布局上，中国企业的能力建设尚欠均衡。

中国企业持续在优化运营领域精耕细作，能力得分为58分，业务与财务系统的数字化集成、实现产品全生命周期的信息追踪反馈是中国企业着力布局的两大举措。然而，中国企业在打造数字核心、释放人才力量维度尚未建立能力优势，能力得分均低于40，还须加速攻坚。观察近三年数据，企业职能实现云端部署的水平较低，三年来平均覆盖四个职能领域；转型领导团队或部门的职权依旧相对单一，尚未

完全实现数字化、管理变革、流程优化和模式创新的全覆盖。

从行业得分来看，同全样本一致，各行业在优化运营维度的表现亮眼，但在重塑的六大关键能力上进程分化。整体来看，高科技制造、汽车及工程机械行业走在前列，除了运营维度，在竞争新前沿的表现突出。这两个行业的数字化成熟度一直较高，数字化转型基础稳固，行业企业将技术作为应对行业格局和外部不确定的核心竞争力，除了深化数字技术与主营业务的规模化融合，还积极培育和储备人工智能、大数据、云计算等技术，寻求业务边界新突破（见图六）。

图六 2023埃森哲中国企业数字化转型指数得分（0~100分）

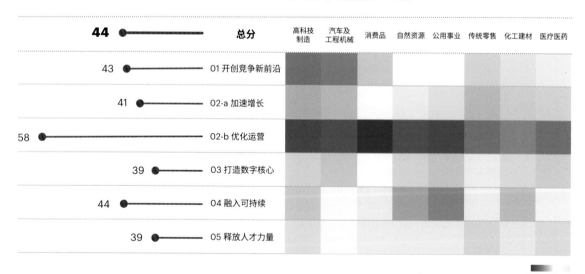

注：紫色色块越深代表得分越高，灰色色块越深代表得分越低。

数据来源：2023埃森哲中国企业数字化转型调研（N=553）。

求变：五大行动推进企业全面重塑

新竞争格局下，企业需要直面挑战，定义新前沿，拥抱全面重塑，持续行进，动态向前。通过对重塑者优秀实践的分析以及和业界专家开展的访谈，我们总结出赢在重塑的五大行动建议。

1. 敢为人先，重新定义竞争新前沿

重塑者敢为人先，旨在为企业及所在行业设定竞争新前沿，制定覆盖各业务条线、各个职能部门的全面重塑战略，并推动企业持续、动态化的升级重塑。

具体来看，重塑者志存高远，不仅奋力成为全球领先企业，还致力推动所在行业不断攀登新高峰。然而，2023年调研显示，有22%的中国企业尚未制定清晰目标，有66%的企业仅将目标局限于当前市场和竞争者，对标行业已有最佳实践，没有意识到弯道超车

的可能性，即使转型成功，也与重塑者相去甚远（见图七）。

重塑者绝不是不顾外部变化，一味鲁莽冒进。它们以长期主义为指导，重塑战略深入覆盖企业全业务和各职能，兼顾长短期多方目标，全方位考量转型部署。69%的中国受访企业评估转型成效的首要衡量指标是成本的降低，而重塑者求新求变，首要关注的是创新成果与回报，同时，除了市场份额和优化成本，行业引领性及提升韧性也是评估转型成效的重点，而只有三成左右的其他企业关注这两项指标。

即使在困难的时期，重塑者也依旧保持初心，通过调整转型节奏和步伐，稳扎稳打推动企业的持续进化。相比之下，调研数据显示，只有22%的中国企业全方位考量转型部署，只有不到三成（28%）的中国企业认可数字化转型需要持续进化。

图七 超过六成中国企业的转型目标旨在追赶当前可见的领先者

中国企业的转型目标设置（全样本，企业占比）

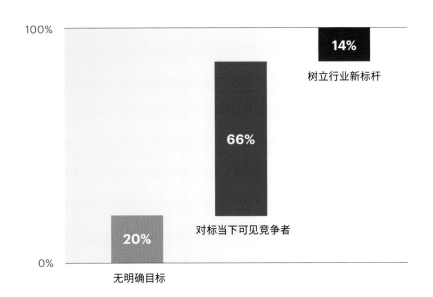

题目：贵公司希望通过全面数字化转型战略实现什么目标？

数据来源：2023埃森哲中国企业数字化转型调研（N=553）。

2. 全局视角，建设全企业协同

2023中国企业数字化转型调研显示，有37%的中国企业仍在进行单一职能部门的数字化和自动化，制造部门和IT部门是企业当下转型成熟度最高的职能部门；还有43%的中国企业已完成单点转型，开始小规模打造跨业务或跨职能的部分能力（见图八）。但由于部门间的独立性，这些企业仍然采取点状或线状的思维进行转型，导致未能实现转型的真正商业价值。这些企业仍然面临成本高、生产效率低下、缺乏协同等挑战。

而另有20%的中国企业已经持续强化跨业务或跨职能能力的打造。它们采用整体推进的方式，利用数据将所有业务和职能部门视为紧密衔接的闭环，进行跨业务单元、跨职能的总体转型，形成1+1>2的转型合力。

图八 大部分中国企业仍然是点状转型部署

中国企业跨业务跨职能打通的进展（全样本，企业占比）

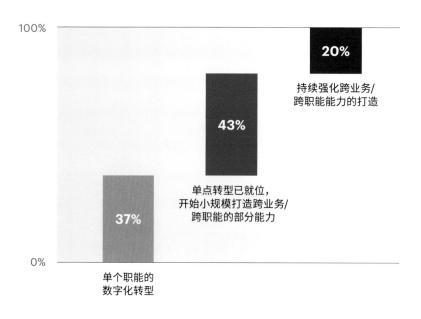

单个职能的数字化转型 37%

单点转型已就位，开始小规模打造跨业务/跨职能的部分能力 43%

持续强化跨业务/跨职能能力的打造 20%

问题：贵公司是否已采取行动来打破业务/职能孤岛，打造跨业务/跨职能的能力？
数据来源：2023埃森哲中国企业数字化转型调研（N=553）。

深入分析，我们发现在增长领域，重塑者以客户体验为中心打造全价值链的规划和感知能力，通过价值链各节点的互联互通撬动创新，并通过孵化和并购持续保持业务组合的动态优化，以满足并创造用户需求。在运营领域，它们将内外部的人员、流程及数据联结起来，重塑流程，打造出无障碍的生态化组织，实现全业务数据驱动的自主决策和响应。尤其在拓展海外业务版图中，重塑者更强调通过构建标准统一、适配当地的数据驱动的能力平台，承接全球化财务、人事、合规管理的运营活动。

能力的构建需要企业找到跨业务和职能部门的端到端的方法论，而不是单一职能或业务驱动的简单方法。

可见，重塑者擅长利用全局观衡量业务与运营布局。它们深知要以提升客户体验为目标构建数据驱动的企业经营价值链，实现自主决策和管理、敏捷应变、精准营销。覆盖整个企业的技术和数据平台不仅是内部运营和开展业务的基础，还为整个供应链生态的互动与联系提供数据，从而实现了更大范围的价值共创。

3. 数字核心，实现业务敏捷与技术韧性

技术的快速发展已成为企业重塑的关键推动因素，但是本次调研显示，中国企业投资人工智能、云、安全等数字技术的意愿并不高（见图九），未来1~2年，仅有46%的企业将投资人工智能和自动化，37%的企业计划投资云技术，36%的企业希望投资安全领域。

图九 中国企业投资人工智能、云、安全等数字技术的意愿仍处于较低水平

未来1~2年，中国企业技术投资重点（全样本，企业占比）

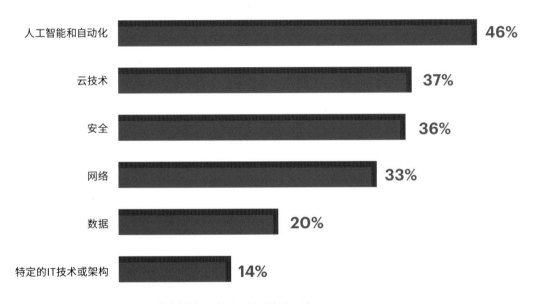

题目: 未来1~2年，贵公司将增加对哪些技术的投资（多选，选择所有适用项）。
数据来源: 埃森哲2023中国企业数字化转型调研（N=553）。

相比较而言，重塑者尤为擅长将技术作为实施重塑的助推器，从静态、单点的技术布局向拥有高互操作性的多元平台转型。它们正在依托在整个企业范围内可互操作的系统，充分发挥技术的力量，打造强大的数字核心。

如果从云计算的投入来看，中国企业的云计算支出仅占整体IT支出的15%，[1] 与一般企业相比，重塑者采取了更加积极的云举措，它们构建了基于云的高性能计算环境，并对基础架构进行现代化改造。但是重塑者并没有止步于完成云迁移，而是更加积极地利用云的各种能力，扩大使用云的范围和规模。[2]

---

1. 《阿里巴巴电话会议》，华尔街见闻，2023年2月。
2. 《竞速上云，全面收获云价值》，埃森哲，2023年4月。

在人工智能与自动化方面，重塑者已经遥遥领先，它们在企业经营中应用多种技术多重场景，将深度学习、知识图谱、自然语言处理（NLP）等技术应用于生产上的视觉识别、产品研发、智能决策。

同时，重塑者非常重视技术资源与数据资源的积累，并针对特定业务场景，开发个性化的、可互操作的灵活应用。此外，面对不确定的市场环境，越来越多的企业意识到风险评估的重要性，这是因为只有提高技术韧性，确保网络安全和数据合规，才能减轻监管对业务的干扰和影响。中国企业需要聚集合作伙伴的力量，采用多种方法对关键的数据隐私指标和监管报告进行严格管理；针对复杂情况，需要多种工具和模板开启企业的合规之旅。

4. 绿色升级，强化可持续创新业务

与数字化的"双重身份"一样，可持续既是颠覆因素，也是企业发展的赋能力量，逐步成为企业竞争力的重要来源之一。

对于企业来说，可持续的价值不仅限于直接的经济效益，有数据显示，84%的中国年轻人期望未来十年内在可持续经济相关领域追求职业发展。[3] 因此，可持续也成为企业打造雇主品牌、吸引人才的重要一环。

中国企业已经开始行动，更加深入开展可持续创新方面的业务。其中一个趋势是致力于将可持续理念融入业务及运营转型的各个环节，尤其是进行环保及能源管理。2023埃森哲中国企业数字化转型调研发现，超过半数的企业已经积极应用数字技术进行环保及能源管理（见图十）。

图十 环保与能源管理是大部分中国企业践行可持续的初步尝试

中国企业践行可持续的水平（全样本，企业占比）

数据来源：2023埃森哲中国企业数字化转型调研（*N*=553）。

---

3. 《中国迈向自然受益型经济的机遇》，世界经济论坛，2022年1月。

在企业践行可持续的初步尝试中，数字技术的作用非常明显，很多企业已着手试点和推广各种应用，借助技术加速和深化可持续发展。另外，2023年调研发现有48%的中国企业实现了产品与服务的全生命周期绿色管理，重塑者在这一方面展现了最明显的优势。在这一过程中，企业需要建立绿色创新的生态系统，转变角色，为未来储备前沿优势。另一个比较明显的趋势是企业不再只关注短期财务绩效和资产负债表的平衡，而是致力探索如何通过技术创新创造长期可持续价值。

但是，如果从更深层次评估企业的可持续承诺，中国企业还存在较大的进步空间：在制定和规划未来战略愿景时，只有35%的企业表示将可持续使命纳入考量。而与一般企业不同，重塑者已经把可持续发展的理念扩展到更广的范围。具体来讲，他们采用可持续的商业模式，关注员工身心和福祉，提高供应链的透明度，建立战略伙伴关系；通过建立可信赖的机制，涵盖隐私、公平、透明，在整个组织范围内推行可持续发展。中国企业应该意识到可持续不仅仅局限于气候变化，而是要建设一个更具韧性和可持续性的企业生态系统，在公司治理，培养团队、加强价值链韧性、运营等多方面发力。这意味着企业必须将可持续嵌入自身"基因"当中，而实现这一目标不能只靠一种因素或手段，而需要借助广泛的行业实施经验，综合多种策略和措施的协同作用。

5. 全员参与，构建未来型人才资产

人才战略已成为企业重塑的发力点。埃森哲研究显示，通过激发数据、技术、人才的增长合力，企业有望实现高达11%的额外生产力提升。其中，人才的作用最为关键，如果企业采用的数据和技术解决方案无法做到以人为本，上述增长便会缩减至4%。[4]

本研究显示，近六成（59%）的中国企业意识到向转型领导团队充分授权，全局规划数字化、变革管理、模式转型和流程优化的重要性。但是涉及全员参与，如形成员工的广泛共识、打造变革文化、革新员工技能等方面，企业还存在改进空间（见图十一）。

变革管理、数字化新技能和文化建设经常被认为是企业转型的最大挑战，很多企业的转型战略由于人为因素而大打折扣，甚至成为一纸空谈。避免这一情况发生最有效的方法是让所有员工都参与其中，不但能够提升员工责任感，还能使员工从转型中得到个人价值和能力提升，即全员赋能、全员负责。

领先企业的数字化已从追求新技术应用转向数字化组织的构建和对数字化人才的渴求。重塑者尤其重视人的力量，将人才战略视为转型成功的核心驱动力，而只有33%的中国企业认同这一点，与全球52%的水平也存在显著差距。此外，重塑者已经具有

图十一 大部分中国企业已经意识到高管团队的力量，但在全员共识、文化营造和员工技能升级等方面尚未建立优势

中国企业释放人才力量的行动部署（全样本，企业占比）

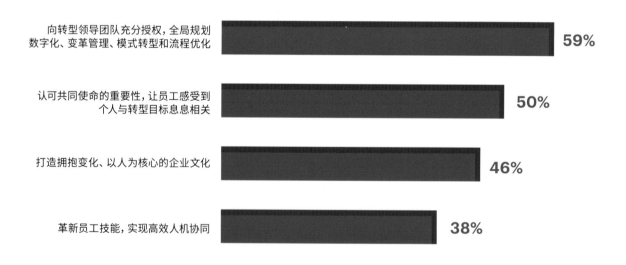

- 向转型领导团队充分授权，全局规划数字化、变革管理、模式转型和流程优化 **59%**
- 认可共同使命的重要性，让员工感受到个人与转型目标息息相关 **50%**
- 打造拥抱变化、以人为核心的企业文化 **46%**
- 革新员工技能，实现高效人机协同 **38%**

数据来源：2023埃森哲中国企业数字化转型调研（N=553）。

---

4. 《埃森哲全球首席人力资源官研究》，埃森哲，2023年1月。

了强大的变革管理能力，即拥有掌舵未来的转型领导团队；形成企业上下都积极参与的变革文化；关注员工体验，通过技术赋能打造未来员工团队。

　　重塑者善于发挥领导者和员工的双重作用，一方面，打造领导团队，在数字化转型、管理变革、模式转型及业务流程优化多方面充分授权；另一方面，培育共同使命，将员工个人目标与企业总体使命紧密联系起来。企业需要在整个组织内关注员工体验，以创新方式培养人才，从而增强员工的数字化能力。

重塑之路

　　我们相信在未来几年中，所有企业的战略思维都会逐渐向"企业全面重塑"转移。思考以下四类问题，可帮助企业塑造前进的路径。

目标与战略

- 明确企业当前处于何种阶段，符合"重塑者"的哪些标准？差距在哪里？

- 是否已确定竞争新前沿？与本行业和其他相关行业相比，企业表现如何？目前是在追赶佼佼者，还是在为行业设定新的标杆？

- 是谁在带领企业转型？作为首要考核标准，负责企业转型计划成败的，是全体首席高管团队，还是业务部门/职能部门的主管？

进行中的转型举措

- 领导者能否清楚阐述在当前的转型中组织内将发生的各种变化？是否以跨部门视角衡量转型行动？

- 是否对可持续理念有提前规划？是否将其嵌入企业的经营模式和创新机制中，并为未来拓展留下空间？

- 当前的转型节奏能否应对外界变化？哪些转型项目需要外部的力量与资源来加快实现？如何选择合作伙伴，从而加快节奏、提升成果转化确定性，以及使外部资源适配自身的人才战略？

数字核心

- 对当前的数字核心有信心吗？其成熟度如何？能否充分驱动企业的转型举措？目前存在哪些差距？

- 在技术投资决策中，是否仔细审视了技术的力量——如借助技术来践行可持续承诺和其他360°全方位价值目标，以及技术隐含的负面影响？

- 是否有清晰的定性及定量指标来评估数字化投资回报，并对所有项目采用统一的评估方法？

人才

- 领导者是否具备足够的技术敏锐度？他们能否充分探索各种可能性，了解不同选择对企业重塑的利弊？

- 现有的变革管理能力能否支持持续性的转型？企业是否可以为每个转型项目提供恰当的变革管理能力？

- 企业的人才资产充足并具备竞争力吗？员工技能和企业当下、未来一年、未来三至五年的转型目标及战略适配吗？

朱虹
埃森哲全球副总裁、大中华区主席

宋涵
埃森哲商业研究院前沿思想研究员

邱静
埃森哲商业研究院大中华区院长

何珊
埃森哲商业研究院软件与平台行业研究员

业务垂询：accenture.direct.apc@accenture.com

当原子遇见比特：
构建数实融合的新基础

文 杜保洛

提要： 埃森哲《技术展望2023》探讨了推动数实融合发展的技术趋势，以及为了实现长远发展，企业需要采取的行动。

我们生活在两个并行的现实中，一个是原子构成的现实世界，一个是比特构成的数字世界。

随着虚拟现实和物理现实的并行交织将持续发展演变，数实融合与共生将开启下一个十年的数字化创新之路。我们的调研显示，96%的企业高管认为，未来十年数字世界和物理世界的融合将彻底颠覆他们的行业。

不过，企业会在特定的行业场景中找到机会。这可能开始于为某座桥梁构建数字孪生、在医院中部署机器人技术，或者让一位产品设计师与生成式人工智能合力创作。随着这些创新的涌现，我们将看到这两个并行现实相互渗透，原子和比特的融合最终将改变物理世界和数字世界的原有构成——当物质、生命与技术深度交融，技术能力呈指数级增长，我们将步入一个全新的世界。

原子和比特共生：
从IT和OT到ST

随着数字现实和物理现实交叉渗透形成融合新现实，自然科学和数字技术互为"乘数因子"，放大相互作用力，将从根本上重塑我们周围的世界。各大企业已经制定了包含管理信息（简称IT）和控制物理系统（简称OT）的技术战略。为了充分释放虚实融合的价值，企业需要将该战略扩展到第三个维度，即科学技术（Science Technology，简称ST）。

例如，DeepMind在2022年夏天公开发布了可供全球所有企业和研究人员使用的开源人工智能AlphaFold，[1] 便为我们呈现了科学和技术结合的力量。它几乎涵盖了人类已知的所有2亿种不同蛋

1. T. 路易斯（T. Lewis）：《生物学中的一个重大问题终于得到解决》，《科学美国人》期刊2022年10月31日，https://www.scientificamerican.com/article/one-of-the-biggest-problems-in-biology-has-finally-been-solved/。

白质结构的数据库，突破了生物学领域至今为止最大的挑战之一，简化并加快了蛋白质折叠结构的研究。AlphaFold问世不久后，就成为生物学领域的重要工具，加速了药物研发以及新型细菌和植物结构研究活动，也加深了我们对致命疾病的认识。[2] 这个突破对所有行业的企业领导者来说更意味着未来世界将展现各种全新的可能。

面对未来发展，领导者要致广大而尽精微，锚定方向。企业进行数字化转型时往往是"向内看"，为了在竞争格局中占据优势地位，他们将重点放在打破僵化机制、重新定义伙伴关系、重新规划市场定位，以及打造引领市场的新模式。但注重科技的企业将目光放得更远，它们避免同质化竞争，立志改写游戏规则。

当然，前进的道路是坎坷的、充满挑战的。尽管有些技术，如量子计算、人工智能和扩展现实可能会有所帮助，但重点不再只是投资于某一项技术或是制定技术战略，而是以数实融合为目标规划企业的创新战略。如果企业能成功实现这一目标，则能在这场技术变革中立于不败之地，面对多变局势依然展现强大韧性。

重大挑战：
在新的融合现实中乘风破浪

如今，面临全球劳动力结构调整、供应链中断以及虚假信息满天飞等挑战，为了满足客户的合规需求和政府的监管需求，企业还面临着越来越大的可持续性压力。此外，建设网络安全防御能力也受到了越来越多企业的关注。但与过去所不同的是，这些挑战都相互关联，需要多方面系统地、协同地应对。

受访高管们认为，科技可以应对社会重大挑战，解决如健康和疾病（83%）以及贫困和不平等（75%）等问题。但过去落后的战略和技术已无法解决企业当下直面的重大挑战，构建原子和比特的融合现实是以新方式解决新问题的必要途径，并且只有联合起来彼此支持才能够应对这些迫在眉睫的严峻挑战。例如，可持续是全球发展的核心议题，也是当今企业和世界面临的最紧迫、最重大的挑战之一。尽管很多企业热情高涨，希望贡献自己的力量以实现可持续目标，但结果仍不尽如人意。[3] 不过，在共享解决方案出现后，未来则变得更加可期：硅谷科创企业Mango Materials是一家专门从事可再生生物产品研发的公司，它与世界各地的研究人员合作，开发了一种由细菌生产、可在海洋中分解的生物塑料。[4] 已经有五家海洋设备制造商表示未来会用它代替所有的传统塑料，并携手探索将其商业化并应用于其他产品。[5]

技术展望2023：
构建数实融合的新基础

随着全球性挑战日益增多，企业迫切需要重新调整业务目标，并思考如何才能更好地解决这些问题。而曾经一些被视为无法解决的难题，如今却随着原子和比特的不断融合有望得到破解。但构建虚实融合的现实绝非朝夕之功，从投资颠覆性的前沿科技到产业重塑，想要成为行业领头羊的企业首先需要思考这三个问题："做什么？为什么要做？以及为什么要从现在开始？"埃森哲《技术展望2023》深入探讨了推动数实融合发展的四大技术趋势，为企业如何构建数实融合指明了方向。

2. 《AlphaFold揭示了蛋白质宇宙的结构》，DeepMind网站2022年7月28日，https://www.deepmind.com/blog/alphafold-reveals-the-structure-of-the-protein-universe。

3. 《助力全球企业加快完成到2050年实现零排放的目标》，埃森哲2022年，https://www.accenture.com/content/dam/accenture/final/capabilities/strategy-and-consulting/strategy/document/Accenture-Net-Zero-By-2050-Global-Report-2022.pdf。

4. S. 费尔南德斯（S. Fernandez）：《神奇的生物塑料》，加州大学圣巴巴拉分校（UCSB）2022年10月5日，https://www.news.ucsb.edu/2022/020733/fantastic-bioplastic。

5. 《由细菌制成的生物塑料可以减少海洋中的塑料垃圾》，罗彻斯特大学2022年10月6日https://www.rochester.edu/newscenter/bioplastics-reduce-plastic-waste-in-oceans-536322/。

通用智能

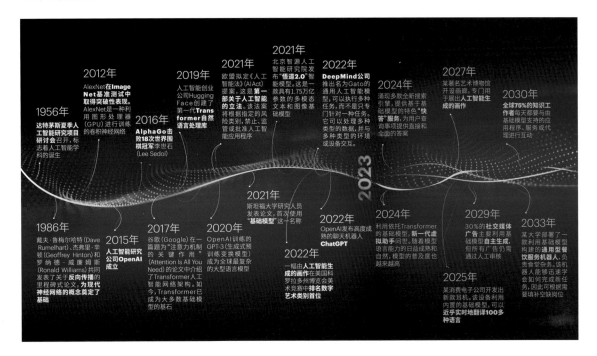

构建虚实融合新现实的任务不仅仅在人。"通用智能"探讨了人工智能基础模型如何成为企业未来的经营筹码。自2017年以来，科技企业和研究人员一直致力于增加模型和训练集的大小，以此加快人工智能的更新换代。强大的预训练模型（又称为"基础模型"）在其接受训练的领域内表现出了前所未有的适应性。借助基础模型，企业能够以不同的方式处理多项任务和挑战，将工作重点从构建人工智能，转向学习如何与人工智能合作。

基础模型的全新功能以及技术的不断进步被一些业内人士视为迈向强人工智能（AGI）的重要转折点。强人工智能能够像人一样胜任任何智力任务，无论是担任个人助手、创意搭档或者专业顾问，生成式人工智能将不断提升人类能力。几乎所有受访高管都认为，这类工具可以激发出巨大的创造力和创新力（98%），开启企业级智能的新时代（95%）。

行动建议

- 探索基础模型对于企业重塑或运营优化的具体价值点，并根据需求考虑直接使用模型服务，或是做定制化开发，用自己的数据对模型进行微调。

- 关注人员技能培训工作。一方面，在人工智能设计和企业架构等技术能力方面培养人才；另一方面，培训整个组织的人员，使他们有效地与人工智能化的流程合作。

- 关注生成式人工智能的关键风险和监管问题，在设计、构建和部署人工智能时遵循负责任人工智能这一原则。

数字身份

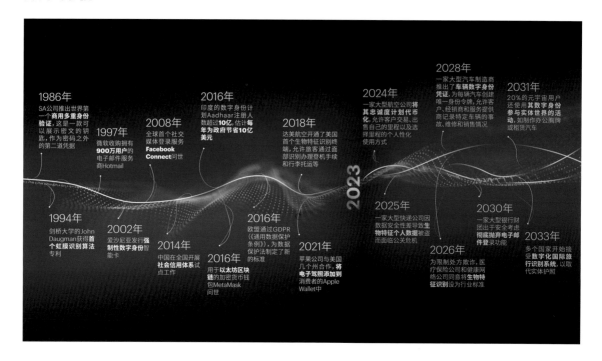

1986年
SA公司推出世界第一个商用多重身份验证，这是一款可以展示密文的钥匙，作为密码之外的第二道凭据

1994年
剑桥大学的John Daugman获得首个虹膜识别算法专利

1997年
微软收购拥有900万用户的电子邮件服务商Hotmail

2002年
爱沙尼亚发行强制性数字身份智能卡

2008年
全球首个社交媒体登录服务Facebook Connect问世

2014年
中国在全国开展社会信用体系试点工作

2016年
印度的数字身份计划Aadhaar注册人数超过10亿，估计每年为政府节省10亿美元

2016年
欧盟通过GDPR《通用数据保护条例》，为数据保护法制定了新的标准

2016年
用于以太坊区块链的加密货币钱包MetaMask问世

2018年
达美航空开通了美国首个生物特征识别终端，允许旅客通过面部识别办理登机手续和行李托运等

2021年
苹果公司与美国几个州合作，将电子驾照添加到消费者的Apple Wallet中

2023

2024年
一家大型航空公司将其忠诚度计划代币化，允许客户交易、出售自己的里程以及选择理程的个人性化使用方式

2025年
一家大型快递公司因数据安全性差导致生物特征个人数据被盗而面临公关危机

2026年
为限制处方欺诈，医疗保险公司和健康网络公司同意将生物特征识别设为行业标准

2028年
一家大型汽车制造商推出了车辆数字身份凭证，为每辆汽车创建唯一身份令牌，允许客户、经销商和服务提供商记录特定车辆的事故、维修和销售情况

2030年
一家大型银行财团出于安全考虑彻底抛弃电子邮件登录功能

2031年
20%的元宇宙用户还使用其数字身份参与实体世界的活动，如制作办公隔牌或租赁汽车

2033年
多个国家开始接受数字化国际旅行识别系统，以取代实体护照

当生命主体进入数字世界，并与数字虚体实现双向连接和打通时，便会构建一体化的"数字身份"，打破阻碍数实融合发展的信息、时间和空间壁垒，推动新一轮创新变革。便携式的数字身份认证将为数字生活创造更多可能。对数字用户及资产进行认证，是数字世界和物理世界融合的另一个基础。领军企业发现，数字身份不仅可以查验过去的记录，还可以为未来业务发展提供截然不同的数据共享和数据归属形式。85%的受访企业高管都将打造数字身份视为一项战略要务，而非单纯的技术事项。不过，在推行核心数字身份的同时，我们还必须审慎思考相应的应用场景和使用规范。

行动建议

- 核心身份、生物特征识别、代币化和其他新兴技术将弥补数字身份此前的不足，但也将给企业带来更严峻的挑战，比如怎样转变对关键数据的访问方式，以及如何集成新技术。

- 在推行核心数字身份的同时，我们还必须重新思考这些身份的功能：如何创建和关联与身份相关的数据，如何共享和管理这些数据，以及如何维持整个生态系统的归属权平衡。

- 企业要对新的数字身份形式和随之而来的数据范式做好充分准备，制定用数字身份和全新方式处理数据、设计和执行的新战略，借助技术带来的新能力迈向未来。

数据透明

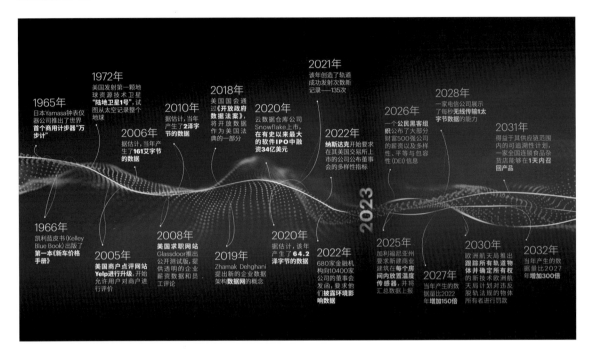

透明的数据将是下一阶段驱动企业变革的宝贵资源。全球范围内对数据的供应和需求都在急剧增加，这意味着企业必须打破数据孤岛，并对数据底座更新升级。事实上，90%的受访高管都强调，数据正成为行业内甚至跨行业竞争中非常重要的制胜因素。

为了有效提高数据透明度，构建数据协同共享的能力，企业需要审视整个数据生命周期，对数据采集架构进行重新设计，提升现有的数据管理，并重新评估如何使用数据、谁有权访问数据以及希望访问哪些业务数据。企业领导应把握良机，积极通过提高数据透明度与客户建立信任，否则将面临客户流失的风险。

行动建议

- 制定全新的数据战略，从需求、收集、访问、使用等方面重新思考关联方式。
- 尝试利用智能自动化工具对海量数据进行集成。
- 企业和用户之间建立数据共享的双向沟通渠道。

前沿探索

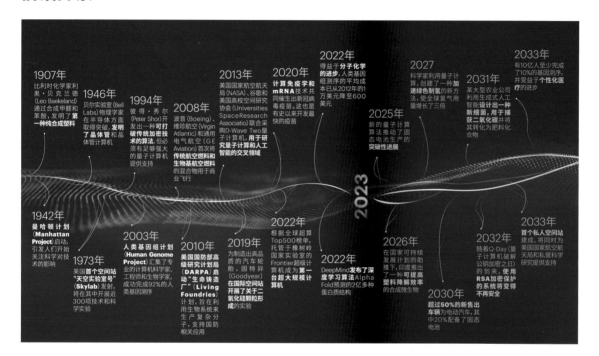

"前沿探索"为企业提供了一扇窗口,让他们了解未来的发展趋势:不断延伸的科技前沿。科技创新与数字技术之间的反馈循环正在变快,呈现出两者相互促进、飞速发展的态势。75%的调研受访者表示,两者联手有助于解决当今世界面临的重大挑战。

从企业提供解决方案的场所到产品的构成,一切都可能发生改变。除此之外,社会对加快科技反馈回路的需求从未如此迫切。面对医药、供应链和气候变化方面前所未有的全球性挑战,我们需要加快速度,制订出更加完善的解决方案。

- 寻找在企业内外部试验新的科学驱动创新方法的途径,包括产品开发、市场营销、供应链管理等方面。

- 在开展前沿科学探索时,企业需要制定明确的安全战略,包括法律规定、组织政策和治理计划等方面,以确保其在新技术和科学领域中的安全性和可持续性。✐

埃森哲商业研究院研究经理于雅对本文亦有贡献

行动建议

- 企业需要与其他公司、研究机构和学术界建立合作关系,共同推动技术和科学的发展。

▼

杜保洛
埃森哲首席技术与创新官

业务垂询: accenture.direct.apc@accenture.com

全世界正翘首以待，您会怎么做？

关于技术展望

二十多年来，埃森哲《技术展望》报告团队为企业、政府机构及其他组织指明未来几年对其影响最为显著的新兴信息技术发展，对企业当下发展具有实际应用价值和现实指导意义。欲阅读《技术展望2023》报告全文，请扫描二维码：

提要: 2023年《埃森哲全球首席人力资源官研究》指出，汇聚数据、技术、人才之力，将加速企业转型，重塑增长方式。其中，高增长型首席人力资源官将成为企业数字化建设的核心，为企业持续重塑引入澎湃动力。

成为高增长型 CHRO

文 舒埃琳、优素福·塔布

埃森哲研究发现，通过激发数据、技术、人才的增长合力，企业有望实现高达11%的额外生产力增长。这也是企业盈利能力与收入增长的根本驱动力。然而现实情况是，只有为数不多（5%）的大型全球企业遵循了这一理念。作为各自行业中的佼佼者，这些领先企业同时在数字核心和人才培养两方面发力，双管齐下实现业务目标，制订出以人才为导向的转型方案。同时，依托云解决方案，加之数据可及性空前提高，企业高级管理层可以通过学习新技能、重新定义职能、在高管间开展紧密合作，不断推进企业新变革。

在这一过程中扮演枢纽角色的正是：首席人力资源官（CHRO）。凭借自身技能以及对企业各部门的全面影响，一群新型CHRO正在引领其他管理者加强跨部门协作，解锁数据、技术、人才的合力。这些技术娴熟、联系广泛的"高增长型CHRO"已真正成为企业数字化建设的核心。他们深入企业各个角落，挖掘全新价值流，推进业务增长，打造卓越体验，为企业持续重塑引入澎湃动力。

他们的独到之处体现在两个方面：综合技能与关系网络。

与其他CHRO相比，高增长型CHRO在埃森哲研究评测的各项技能成熟度上均表现出了更高水平（见图一），并且在系统思维、财务敏锐度、领导力、技术与数据、人才发展战略、商业敏锐度等六项关键技能上的成熟度也更有可能达到最高水平。

此外，高增长型CHRO与包括CEO在内的企业所有管理者（尤其是首席财务官、首席技术官、首席运营官）建立密切联系，相互影响的可能性是其同行的4倍。他们还会构建跨企业、跨行业的关系网，对企业外部更广泛的变革活动产生影响。由此缔结

的合作关系，可助力企业实现创新，建立竞争优势。

凭借广泛的关系网络和数据驱动型洞察力，高增长型CHRO能在增强企业韧性的同时，确保业务战略平稳落地。

图一 相较同行，高增长型CHRO技能成熟度更高

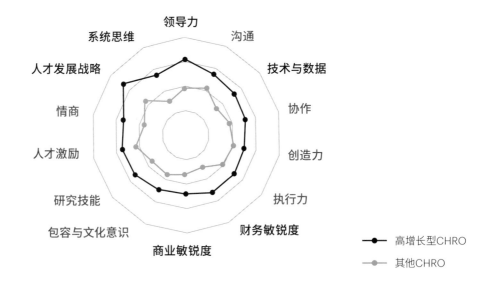

熟练度满分为3分，得分取平均值。

数据来源：埃森哲CHRO研究，2022年10—11月，样本量=570。

如何支持高增长型CHRO

仅凭个人力量无法成为高增长型CHRO。埃森哲研究表明，即使具备适当的技能组合和关系网络，仍有超过半数（55%）的CHRO缺乏促进业务增长的必要外部条件。然而，一旦CHRO拥有能够一展身手的理想环境，两倍以上的CEO发现，CHRO调动全体员工发掘商业价值的表现将远超预期。那么，创造这些必要条件的关键何在？

第一，首席高管层须以员工为先。 首席高管层应当认识到，人才是推动企业变革、提升差异化竞争力的关键力量。要形成这种认识，全体领导者（不仅仅是CHRO）必须首先回答一个简单问题：员工在本企业中是否处于理想状态（Net Better Off）？每位高管都应为实现这个目标承担起各自的责任。

理想状态意味着，员工的各项基本需求均能得到满足，他们可以体会到：①身心健康，经济状况良好；②与团队关系紧密，拥有信任感和归属感；③工

作目标明确；④掌握符合市场需求的技能，并能以此追求蓬勃的事业发展。通过满足上述需求，企业可释放员工三分之二的工作潜力，即使是在经济不稳定时期，这仍能带来超过5%的收入增长。

第二，企业领导必须依托数据，赋能无界协作。当领导者敢于打破各自为政的藩篱，他们不仅可以找到新的合作方式，还能在数据和技术力量的引领下探索出全新路径，推动变革，实现企业全面重塑。

若想营造出能够实现上述愿景的理想环境，CEO必须让CHRO成为相关重要工作、流程、决策的核心，使其能够参与规划长期的盈利性增长路径，切实影响企业绩效。换言之，在引进和培养人才、释放人才潜力等传统职责之外，CHRO还应参与到如资本配置、固定资产投资决策、产品创新等非典型人力资源事务中来。

三大领域，发挥变革之力

兼具卓越能力与理想环境的高增长型CHRO将加速推动企业变革与业务增长。埃森哲通过对全球570位CEO和CHRO进行研究分析和深度访谈，揭示出了能够让高增长型CHRO发挥非凡影响力的三大领域。

1. 以创新方式引进、培养人才

高增长型CHRO善于利用以数据为主导、以AI为支撑的洞察，了解企业最需要的人才类型及引进途径，并吸引其加入。为此，高增长型CHRO会采取以下行动。

- **支持下一代技能发展：** 在颠覆频现的市场中，企业为保持竞争力所需的能力专长亦在不断变化。高增长型CHRO会优先提升员工的技能水平，助力企业实现增长目标，与此同时，他们也会建立必要的技能储备机制，在企业需要时为其赋能。高增长型CHRO大力投资技能发展的可能性是其他CHRO的两倍以上。同时，他们还认识到，技术

在其中扮演着不可或缺的角色。通过这种方法，高增长型CHRO不仅可以拓宽新型、多元化人才的引进渠道，还能为人才开辟新的入职路径，例如，根据技能而非教育程度招聘员工、开展学徒计划等。

- **利用技术发掘隐藏人才：** 为顺应新时代需求，高增长型CHRO正锐意改革招聘流程，运用新型工具开展工作。他们会利用AI来深入了解人员筛选过程中的偏见来源，并将候选人的经历转化为直观数据。此外，他们还会在组织内部积极发掘人才，利用技术来支持富有创造性的灵活工作模式。

- **积极使用战略托管服务：** 采用战略托管服务合作伙伴提供的人力资源支持，不仅可以快速、大规模地引进人才，还能利用基于云的智能平台，实现数据驱动型决策。埃森哲研究表明，最善于利用

数据、技术、人才合力的行业领先企业，采用托管服务的比例高于业内其他企业。尤其是与只关注人才托管服务的企业相比，领先企业更注重将托管服务嵌入其整体战略，且重视程度较前者高出46%。面对新冠疫情的冲击，该模式的优势进一步凸显出来。在托管服务的帮助下，企业可以将规模化业务快速高效地转移到完全远程的环境中。引入托管服务的企业能够在专注于核心业务和员工的同时，充分享受规模效应与工业化平台所带来的便利。

2. 从新的维度汇集数据、技术、人才之力，释放潜能

埃森哲研究显示，高增长型CHRO积极汇集数据、技术、人才之力的可能性是其他同行的近两倍。对这一增长合力加以充分利用，是改善企业财务成果和非财务成果的首要加速器。为此，高增长型CHRO会采取以下行动。

- **充分利用人才相关数据：**高增长型CHRO善于更直接地关联人才与业务成果，充分释放人才潜力。他们能敏锐捕捉生产力发展趋势，找到加强员工参与度的驱动因素，并利用从技能数据中获取的预测性洞察，主动满足员工需求，助其成长。同时，高增长型CHRO还会将外部讯息与企业数据关联起来，更快做出决策，对长期战略部署形成影响，同时为更广泛的社会议题提供决策依据。

- **依托技术手段与生态系统开展创新：**高增长型CHRO深知，数字化是所有企业发展的必由之路。在不断改造企业人力资本管理/人力资源（HCM/HR）数字核心、优化流程、提高个性化水平的同时，他们还会利用元宇宙等创新技术，改善员工的工作体验。当然，他们并非孤军奋战。依托由合作伙伴、多平台、可扩展解决方案共同构成的生态系统，高增长型CHRO可助力企业提升运营效率，释放资本并推动新的投资，为实现增长奠定坚实基础。埃森哲研究表明，在积极的伙

伴关系和生态系统支持下,采用下一代AI和数字工具的企业,有望实现10%乃至更高水平的收入增长,与尚未有此行动的同业竞争对手相比,收入增长可能性可达后者的2.6倍。

- **战略性地使用自动化技术:** 高增长型CHRO不仅认为自动化能最大限度地提高工作效率,更会将其视为新动能,实现更加高效的人力规划,让工作变得更有意义。他们会利用数据,将人类最擅长的技能与科技相结合,着眼于未来增长,就招募员工、自建团队和自动化做出明智的决策组合。

3. 突破职能局限,引领企业重塑

信赖始于卓越的本职表现。如今,高增长型CHRO的影响力在覆盖整个企业之余,甚至可以延伸至企业之外,切实推动变革。这表明,高增长型CHRO大有可为。

- **促进以人为本的变革:** 企业重塑必须以人为本。因此,高增长型CHRO能够迅速、大规模地调整人才战略,满足业务发展需求,增强企业韧性。埃森哲与CEO和CHRO的访谈显示,CHRO能对许多受益于人才和文化导向理念的领域产生影响,如收购、投资、新产品和服务、品牌建设和社会活动等。此外,研究还发现,近九成(88%)受访CEO认为CHRO应当负责为整个组织注入创新文化。

- **解决系统性难题:** 高增长型CHRO深知,企业与其所在社区的关系相互交织,密不可分。因此,他们会打破企业界线,开展跨组织、跨行业、跨区域的工作,促进大规模的变革行动。高增长型CHRO会充分利用最佳实践(如在疫情高峰期使用个人防护设备),助力企业实现更广泛的社会目标;同时拓展外部伙伴关系、扩大投资,对世界产生切实影响。他们推动价值增长的另一方式则是提升可持续发展能力,这是促进企业变革的力量之一。高增长型CHRO所在企业的CEO,更认可人力高管可以直接提升企业在环境、社会、企业治理(ESG)方面的表现,该比例较其他企业CEO而言高出50%。

晋级卓越,跻身前5%

如何充分发挥CHRO的职能作用,使之成为企业发展的主导者?每一位企业领导都应积极参与到这场讨论中。他们需要从自身和自己的团队出发,审视目前的状态。因为只有众人携手合作,方能真正释放数据、技术、人才的增长合力。具体而言,企业领袖们应当仔细思考以下四个问题:

(1)我们的企业文化是否能帮助领导者打破职位局限,大胆思考行动,以全新方式推动增长,并对其工作予以认可和奖励?

(2)我们的领导者是否(在合理流程和工具的支持下)拥有了适当的数据和技术能力,能跨越职能边界,精诚团结,共同加速变革?

(3)我们是否制定了差异化的战略来引进和培养人才,释放人才潜力?

(4)我们的员工是否充实而幸福?全体领导者如何为帮助员工达到"理想状态"的承诺负责?

企业能否创造成功未来,取决于当下的全面重塑。而这一切均始于数据、技术、人才之力的汇聚;要让这些关联要素在企业内外真正发挥作用,合适的人才和有利的环境不可或缺。要打造跻身行业翘楚(前5%)的领先企业,离不开果敢的商业领袖——这不仅需要高增长型CHRO,而且需要高级管理层的群策群力。每一位企业高管都应成为业务增长的引领者。◢

舒埃琳
埃森哲首席领导力和人力资源官

优素福·塔布
埃森哲智能运营事业部全球总裁

业务垂询:accenture.direct.apc@accenture.com

未来增长，非比寻常

文 方澎明、瓦伦丁·德·米格尔、特雷弗·格鲁津、立花良范、韦德拉娜·萨维奇博士

提要: 绿色经济和未饱和市场将是企业寻求增长机会的新兴领域。

如今，为了应对能源供应紧张、供应链挑战、日益严重的通货膨胀以及居高不下的融资成本等挑战，大多数企业都专注于将部分业务（而非整体）进行转型。[1] 但有些企业开始意识到真正重塑的重要性，转而下大功夫在当前业务之外寻找新的增长机会。

那么，企业应在哪些领域寻找未来增长机会?

我们对亚太、拉美、中东和南非的1200家大型企业的高管进行了调研。91%的受访者预计，到2030年，他们的企业将在新兴的绿色经济和未饱和市场寻求增长机会，并有52%的高管认为，在2030年之前进入这两个领域对他们能否领跑市场至关重要（见图一）。其中，298名被访中国高管对此认可的比例分别为93%和56%。

图一 企业把新增长领域的未来机遇视同近在咫尺

对贵公司而言，抓住这些新的增长机遇，对于在2030年之前成为市场领导者有多重要?
选择"很大程度"或"非常大程度"（满分五分）的受访者占比

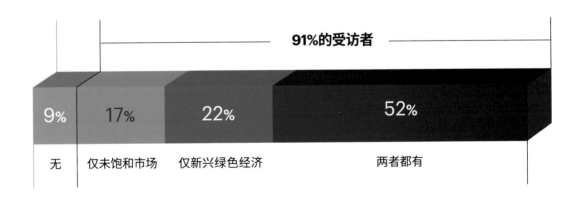

样本=1200名高管。
资料来源:《埃森哲2022年成长型市场高管调查》。

---

1. 《企业全面重塑》，埃森哲, https://www.accenture.com/content/dam/accenture/final/accenture-com/document/Accenture-Total-Enterprise-Reinvention.pdf。

就蓬勃兴起的绿色经济而言，高管们看到了以保护或恢复环境为目标构建产品和服务的巨大增长潜力。亚太、中东、拉美和非洲企业的碳足迹，约占全球温室气体排放量的66%，[2] 煤炭消耗量的75%。[3] 要扭转这一局面，所有企业不仅需要制定雄心勃勃的目标，还要切实改变使用自然资源的方式。此外，他们还须应对生物多样性损失、严重污染和废物问题等巨大挑战。

而挖掘未饱和市场的增长潜力，则需要企业投入资源帮助那些需求鲜为人知或是需求尚未被满足的群体，比如开发面向罕见病患者、老年人、农村消费者等细分群体的产品和服务。当企业投入资源应对这些难题时，不仅会加速其创新和增长，还能造福更多群体，从而创造巨大的社会价值，推动企业的长远发展。

虽然绿色经济和未饱和市场的增长前景被广泛看好，但要在新领域中脱颖而出却非易事。在受访的中国企业中，仅有16%的领军企业将强势增长的雄心、全新的增长方向和大胆的举措结合在一起，致力于在2030年之前进入新领绿色经济与未饱和市场，同时实现2025年之前每年收入增长20%以上的目标，而纵观全球，这一比例为13%（见图二）。

图二 改写增长规则

在我们的研究中，只有13%的领军企业将强势增长的雄心、新的方向和大胆的举措结合在一起。

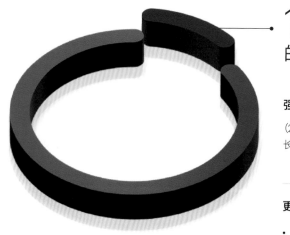

13%
的受访者

强势增长的雄心

（2025年之前每年收入增长20%以上）

拓宽未来增长空间

（致力于在2030年前进入新兴绿色经济与未饱和市场）

更快重塑增长计划

- 利用先进技术的力量
- 释放多维度的价值
- 拓展创新能力

样本=1200名高管。

资料来源：《埃森哲2022年成长型市场高管调查》。

2. 1965-2021年全球各区域能源燃烧产生的二氧化碳排放量，Statista, https://www.statista.com/statistics/205966/world-carbondioxide-emissions-by-region/。

3. 亚太、中东、拉美和南非各国煤炭消耗量，https://www.worldometers.info/coal/coalconsumption-by-country/。

增长快车道

我们研究发现，真正使领军企业脱颖而出的是其实现增长的方式。与其他企业相比，这些领军企业采取的是一种经过周密计划的策略，而不是贸然进入与过去截然不同的领域，其中有三项重要举措。

第一，利用先进技术的力量，先于他人确定和推动新市场中的企业增长活动

对于数据、云和AI的运用已成为大多数企业的共识，但在领军企业看来，先进技术是企业重塑的根本，需要从一开始就嵌入未来的增长型活动中（见图三）。

在进入未饱和市场时，先进技术力量具有巨大优势。泰国汇商银行就在新冠疫情期间，借助现有技术基础设施、云计算能力等，迅速开发了新应用程序，为生意惨淡的街头小吃摊提供外送服务，在不到20个月的时间内就占领了21%的市场份额。

图三 未来增长有赖于先进技术

到2025年，领军企业拥有高出其他企业一倍的兴趣和意愿来利用数据、云和人工智能进行增长型活动。

到2025年，数据、云和人工智能等先进技术对企业以下能力的预期影响：
选择"很大程度"或"非常大程度"（满分五分）的受访者占比

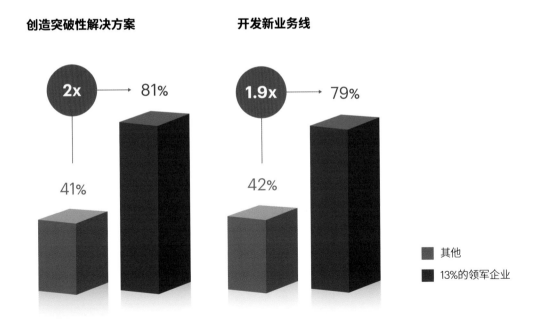

创造突破性解决方案　　　开发新业务线

2x → 81%　　41%

1.9x → 79%　　42%

■ 其他
■ 13%的领军企业

13%的领军企业 *N*= 154，其他 *N*= 1046。
资料来源：《埃森哲2022年成长型市场高管调查》。

行动指南

企业必须认识到，将未来增长与先进技术联系起来，对于实现新业务和环境可持续发展至关重要。

以协同方式利用先进技术。综合运用技术能力确定隐性需求，并针对被忽视的客户，更快开发新的解决方案。例如，为青年量身定制的数字银行服务和数据赋能型市场营销战略。

不要忘记利用现有能力开展工作。在先进技术的加持下，最大限度地发挥现有业务能力的潜力，特别是在绿色经济服务方面。例如，采矿公司利用其资产和专业知识，可持续生产电池级氢氧化锂，以满足日益增长的电动汽车的需求。

预先防范未来业务的环境影响。在依靠先进技术推动新型增长活动的同时，企业需要确保最大限度地减少这些活动的碳足迹。相关举措可以是转向绿色云平台、预先安排IT负载运行时间，和高可再生能源发电保持一致，也可以是开发具有可持续设计的软件、人工智能和机器学习模型等。[4]

第二，释放多维度价值

这些价值不仅对其企业、客户和员工至关重要，对社会及其合作伙伴和环境也意义重大。

在1200名受访高管中，大多数企业认为，非财务形式的价值对企业长久成功至关重要。例如，为低技能人才创造更多就业机会，为相对落后的社区提供量身定制的服务，为当地小型供应商和少数民族企业家提供经济机会等。与此同时，企业还须进行业务重塑，以加速减少碳排放和其他不利的环境影响。

事实上，88%的受访中国企业已经正式使用关键绩效指标（KPI）来衡量至少三种非财务价值，在财务绩效之外，更要引领新的绩效变革。一方面，他们推行环保行动，力创绩效新高；另一方面，这些企业也注重服务那些被忽视的客户，衡量企业如何创造更大范围的社会影响（见图四）。

---

4. 《为什么可持续发展有赖于技术》，https://www.theaustralian.com.au/sponsored/EAw4p7btWlr3Lb1VRygz/why-sustainability-depends-on-technology/。

图四 衡量多维度的价值形式

领军企业正在打破传统、狭隘的价值形式和规范

在目前和未来三年，已经正式使用关键绩效指标 (KPI) 来衡量至少三种非财务价值

选择"很大程度"或"非常大程度"（满分五分）的受访者占比

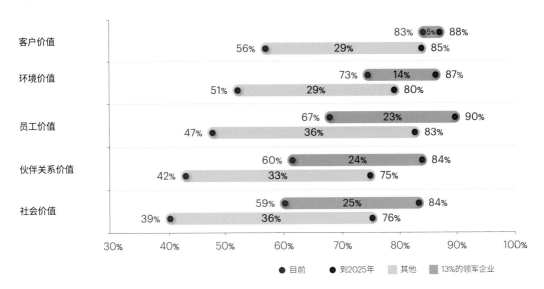

13%的领军企业N=154，其他N=1046。

资料来源：《埃森哲2022年成长型市场高管调查》。

行动指南

    企业应果断地将一套新的非财务KPI（特别是适用于新业务线的指标），嵌入企业绩效框架，并衡量自身将如何创造更大范围的社会影响。

积极拥抱"生活至上"的理念，服务被忽视的客户

- 学会打造一个尊崇"生活至上"的企业，站在客户的立场上对其进行分析，面对复杂而多样的个体，[5] 尽力适应不可预知的生活环境。

- 定义和衡量对生活有利、可提升个人和社会

价值的关键绩效指标。例如，中风预防量、贫困减少量、时间节省量、提升员工福祉、未受过正规教育群体的就业机会改进等。

推行环保行动，力创绩效新高

- 为环境价值制定大胆的目标，[6] 勇于超越当下的行业领先实践。激发所有职能部门，策划全面的环境倡议等企业赖以为生的行动方案。

- 定义和衡量现有和新业务中对自然有利的KPI，以及帮助他人减少碳排放的成效。

5.《人类的悖论：从"客户至上"到"生活至上"》，埃森哲，https://www.accenture.com/us-en/insights/song/human-paradox。

6.《衡量可持续，创造价值》，埃森哲，https://www.accenture.com/ae-en/insights/strategy/measuring-sustainability-creating-value。

第三，扩展创新能力，通过明智投资建立多样化的技术合作伙伴关系

领军企业还通过两种方式打造创新优势。一是优先考虑对可持续发展进行投资，在受访企业中，22%的企业将总投资的两成用于可持续发展举措，而到2025年，预计一半企业将达到这个水平（见图五）。汽车企业尤其是中国车企具备较大领先优势，大量投资被用于绿色转型，如低碳汽车、电动汽车、无缝充电等技术和概念。目前，34%的车企将一成以上的总投资用于可持续发展领域，加速采用循环经济理念。埃森哲与世界经济论坛的一项联合研究表明，此类方法将帮助汽车业在2030年之前，将每一名乘客、每公里的生命周期碳排放量减少高达75%。[7]

二是通过建立广泛的伙伴关系打造先发创新优势。大多数企业认为，建立技术伙伴关系，将成为企业到2025年仍然保持市场领导地位的关键举措（见图六）。

图五 目标明确地进行投资

到2025年，超过一半的领军企业预计，需要用20%以上的总投资来实现可持续发展承诺

到2025年，实现可持续发展承诺所需的总投资份额占比
受访者占比

13%的领军企业N=154，
其他N=1046。
资料来源：《埃森哲2022年
成长型市场高管调查》。

图六 伙伴关系的力量

与当下不同的是，大多数企业在追求未来市场领导地位的过程中，会倚重技术合作伙伴

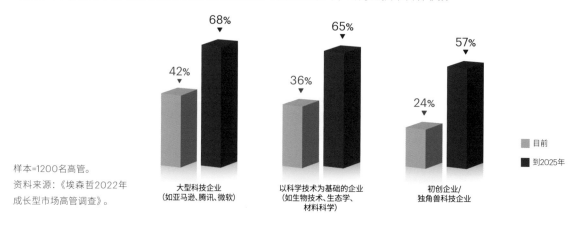

样本=1200名高管。
资料来源：《埃森哲2022年
成长型市场高管调查》。

大型科技企业
（如亚马逊、腾讯、微软）

以科学技术为基础的企业
（如生物技术、生态学、
材料科学）

初创企业/
独角兽科技企业

---

7. 《汽车循环经济的全新路线图》，埃森哲，https://www.accenture.com/us-en/insights/automotive/roadmap-circular-economy。

图七 充实企业增长方式

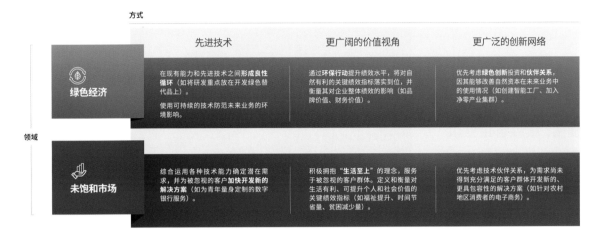

	方式		
	先进技术	更广阔的价值视角	更广泛的创新网络
绿色经济	在现有能力和先进技术之间**形成良性循环**（如将研发重点放在开发绿色替代品上）。使用可持续的技术防范未来业务的环境影响。	通过**环保行动**提升绩效水平，将对自然有利的关键绩效指标落实到位，并衡量其对企业整体绩效的影响（如品牌价值、财务价值）。	优先考虑**绿色创新**投资和**伙伴关系**，因其能够改善自然资本在未来业务中的使用情况（如创建智能工厂、加入净零产业集群）。
未饱和市场	综合运用各种技术能力确定潜在需求，并为被忽视的客户**加快开发新的解决方案**（如为青年量身定制的数字银行服务）。	积极拥抱**"生活至上"**的理念，服务于被忽视的客户群体。定义和衡量对生活有利、可提升个人和社会价值的关键绩效指标（如福祉提升、时间节省量、贫困减少量）。	优先考虑技术伙伴关系，为需求尚未得到充分满足的客户群体开发新的、更具包容性的解决方案（如针对农村地区消费者的电子商务）。

行动指南

企业需要审慎地规划投资组合，选择未来前景广阔的市场活动，尽早行动。

广建伙伴关系，促进包容创新

• 企业需要优先考虑建立多样化技术伙伴关系，为需求尚未得到充分满足的群体开发新的、更具包容性的解决方案。此类伙伴关系应用于共同投资和早期试点新的解决方案，创造有价值的资产，为未来灵活创新奠定基础。而帮助他人，则有助于提升企业自身包容性。

合理分配战略资源，积极推动绿色创新

• 优先考虑受气候和环境危机不利影响地区的消费者，投资新产品和服务。例如，在洪水易发地区建造耐候性强的住宅。

• 转变企业长期利用自然资本的方式，特别是在新的商业运作环境下。例如，与不同的合作伙伴建立净零产业集群，帮助当地经济更快地减少碳排放。[8]

要发展绿色经济、进入未饱和市场，企业需要将创新理念（如碳捕获技术、罕见病治疗）转化为无障碍的产品和服务。要想傲然屹立于市场，企业需要进行大规模的投资，建立广泛的伙伴关系，使用先进技术和全新方法来衡量和管理财务及非财务价值。

领军企业已经捷足先登，悄然占据未来绿色经济和未饱和市场的一席之地，并已经提炼出一套清晰的行动方案，其他企业应该以此为鉴，从而更从容地迎接未来（见图七）。

方澎明
埃森哲成长型市场总裁

瓦伦丁·德·米格尔
埃森哲成长型市场首席战略官、可持续服务总裁

特雷弗·格鲁津
埃森哲全球副总裁，成长型市场增长与战略

立花良范
埃森哲日本首席运营官

韦德拉娜·萨维奇博士
埃森哲商业研究院董事总经理，前沿思想研究

业务垂询：accenture.direct.apc@accenture.com

8.《工业集群：净零挑战》，世界经济论坛，https://initiatives.weforum.org/transitioning-industrial-clusters/home。

提要: 埃森哲企业供应链与运营系列报告第二篇。零基供应链可推动企业运营成本系统可持续的优化,有助于提升企业成本可视化和运营活动的通透度,增强企业供应链韧性和可持续发展能力。

零基供应链

文 潘峥、杨飞

传统的成本管理方式下，企业会采用降本
项目进行"一次性降本"，即设定成本
节降额度目标，重点通过采购职能的价
格谈判实现节降。但在项目结束后，通过议价能力实
现的节降，一方面影响供应商持续合作的意愿，另一
方面"羊毛出在羊身上"，效果无法持续。埃森哲调
研发现，约70%的受访企业高管认为传统的成本管
理方法效果不可持续。[1]

此背景下，企业亟待转变成本管理的视角，采用
零基理念来设计成本和管理成本，并找到实现持续
盈利的方法。

何为零基供应链

零基供应链（zero-based supply chain,
ZBSC）是一种基于运营管理优化来实现成本节降的
方法。它由数据驱动，能够全面地审视各项成本开支
（营业成本、销售及管理费用、运营资金投入），依
据成本结构洞察供应链各项运营活动，并识别活动
对成本和价值收益的影响。零基供应链通过打通运
营活动与财务成本的关联性和可见性，结合定性与
定量分析，推动成本管理模式转型，从而持续提升
企业盈利能力。

---

1. 《从"零"开始，企业成本管理变革之路》，埃森哲。

零基供应链是一个根本性的转变，其要义是成本分析从零开始，基于经营活动，对标公司的战略和业务目标，设计未来的运营管理模式和成本结构，而非参考历史值确定公司的运营成本（见图一）。它提供了新的成本管理视角，在本质上改变了成本管理手段和实现方式，与传统降低成本的方法相比，它不但具有以下关键特征，并且可为企业带来潜在收益。

第一，在整个供应链运营中遵循"成本第一"原则，并同"客户优先"原则取得合理平衡。

第二，综合分析财务数据和运营数据，评估降本机会，并实现运营活动与成本构成的可视化，这是零基供应链管理的先决条件。

第三，在不追加整体投资的前提下，将节降出的成本和现金流投入优化运营和数字化建设中，以持续推动运营效率提升和降本增效。

第四，埃森哲客户在应用零基供应链方法后税息折旧及摊销前利润（EBITDA）和营业收入两项指标的平均表现均优于同行水平。

第五，使用零基供应链可以有效降低销货成本（Cost of goods sold, COGS），并建立拉通产品定义——研发——采购——制造的成本管理机制。

第六，通过使用零基供应链了解客户的经济情况，并推动对不同利润细分市场进行适当干预，企业可以将其基础年度利润率提高15%至20%。[2]

图一 零基供应链下的成本结构

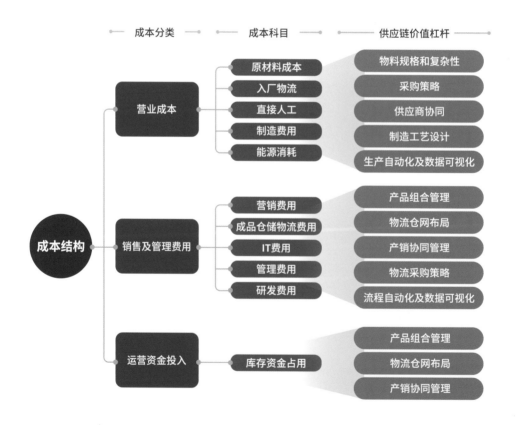

2.《从"零"开始，企业成本管理变革之路》，埃森哲。

通过采用零基供应链，企业有望在整个运营链条的各个环节释放潜在价值（见图二）。

设计： 优化产品组合，提升部件通用性与制造模块化率，降低供应链管理复杂度，优化目标成本。

计划： 拉通销售职能与供应链职能，基于供需平衡的原则指导交付和库存设置，降低库存呆滞，释放现金流，提升资产周转。

采购： 基于品类和部件通用性，设计采购策略与供应商协同模式，确定自制或外协模式，挖掘采购成本节降空间。

制造： 打造智能制造，提升工艺模块化与灵活的用工安排，改进规模效益优化制造成本。

交付： 审视交付仓网布局和物流运营方案，改善物流操作效率与物流储运成本节降。

售后服务： 审视维修部件通用性与维修模块化工艺，优化售后维保成本。

图二 零基供应链助力释放运营链条潜在价值

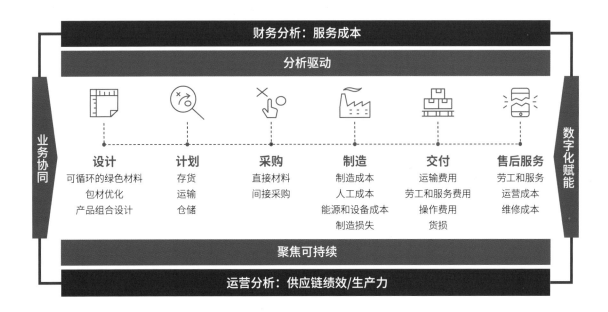

埃森哲助力企业完成零基供应链转型

无论企业的运营重点和发展目标如何，重要的是通过管理手段确保结果的持久性。埃森哲零基供应链闭环"六步走"可帮助企业深入了解全部直接和间接支出，以便持续识别、消除和防止不产生价值的成本和现金流支出。对于希望打造高效且持久的成本节降能力的企业来说，该方法有助于推动运营管理的可见性和韧性，聚焦未来，推动增长（见图三）。

图三 埃森哲零基供应链闭环"六步走"

支出可视化： 我们使用标准化和独特的成本定义和统一的会计科目表，以实现完整的成本可见性。这可确保企业拥有真实可靠的数据，从而能够进行强大的分析和基准测试。

价值定位： 通过对成本类别和成本驱动因素进行详细分析，我们可以确定成本节降机会，识别改善举措，并定义成本基线和举措的收益。

高层责任： 为零基供应链建立负责人机制，确保每一项支出的责任对象，推进和监督每个举措的落实情况和结果达成。

零基预算： 制定零基预算工作方式，确保成本基线被反映在预算中。

降本执行与运营转型： 以敏捷快速迭代的方式实施速赢项目，达成成本节降目标。通过灵活的架构、新的工作方式和数字化实现兼具可视性、敏捷性和韧性的供应链转型。

控制与效果追踪： 执行有效的控制与追踪，以确保潜在商业价值和社会价值得以实现。

案例解读

帮助某半导体企业提升产能、降低成本两手抓

某市值数十亿美元的半导体设备制造商希望提升机器设备维修效率，减少设备停机时间，增加生产能力，同时降低维修养护成本。

埃森哲分析该企业维修成本的构成，发现其维修过程存在大量部件等待配送，从而延长了机器设备停机时间。埃森哲重新审视部件库存和配件配送网络设计，定义了对维修部件的通用性设计，提升了订单管理流程的自动化水平，以缩短时效，并优化了预防性维护工作流程。

通过完善流程和机制，该企业机器设备的停机时间显著缩短，同时维修服务的物流和库存成本得到有效节降，客户对该企业产品和服务的满意度也得到提升。

帮助某能源企业提升全价值链成本效益

能源行业某天然气公司希望找到新的方法来降低分销和运维成本。

该公司与埃森哲合作,将维修和物流成本与业务活动透明化,深入了解分销成本与售后设备维修成本。埃森哲与客户共创分析工具,利用基于事件的成本计算,将所有可直接追溯的成本和管理费用分配给每个客户和产品,搭建服务成本(cost to serve)计算模型,深入了解运输和设备维护活动的驱动因素,并评估其成本结构,包括直接材料、物流费用、劳动力和运维费用,并建立成本基线。这样可以使每个客户和产品的管理重心从毛利转移到净利润。基于此,客户落实了三个举措:①建立维修成本基线,审视每项成本支出的合理性。②将低利润客户和产品的运输模式改为分销商提货,同时重塑运输路径,整合了燃油、润滑油和便利店产品,提升运输经济批量。③建立成本看板,透明化支出活动。

该项目不仅为企业显著改善了成本支出,同时也转变了成本管理模式,提高了整条价值链的成本透明度。

助力某消费企业优化产品组合,显著释放现金流

某消费品企业苦于盈利能力的降低,尽管近年来营收增长,该企业的盈利空间却持续收紧,在资本市场上,投资人也质疑企业管理能力。而在供应链运营上,一方面客户订单无法及时交付,另一方面分布在五家工厂的成品库存周转缓慢。埃森哲针对该企业进行调研分析,发现其复杂的产品组合管理是造成上述问题的一个关键影响要素。

为解决这一难题,埃森哲首先帮助管理层回顾了企业近10年来产品组合变化历程和管理机制。其次,对运营成本与产品组合变化的相关性进行了深入分析,涵盖制造成本(材料消耗、人工耗时、能源费用等)、产能利用、库存成本,识别了各成本要素对产品组合的敏感性。同时我们也对各产品的盈利能力进行了深入分析,发现近50%的产品处于长尾区域。最后,我们结合消费者市场调研以及竞对企业的产品组合分析,洞察市场需求趋势。

埃森哲通过成本和市场趋势分析,帮助该企业确定了需要瘦身的产品组合,同时完善其产品组合与供应链协同机制。历时一年,该企业的单位制造成本节降约11%,库存资金占用释放约26%,同时订单交付能力显著改善。

零基供应链由深度数据分析驱动,为企业高层高效做出决策提供更优视角,使企业有效平衡风险机会,实现韧性运营,在创造新价值的同时为实现可持续增长奠定基础。埃森哲从大处着眼,小处着手,帮助企业实现成本节降,在"瘦身减脂"的同时,锻炼"肌肉",保持轻盈敏捷的成本管控体系,从而在市场竞争中赢得先机。

潘峥
埃森哲大中华区战略与咨询董事总经理、供应链与运营业务主管

杨飞
埃森哲大中华区战略与咨询供应链与运营业务总监

业务垂询:accenture.direct.apc@accenture.com

向"漂绿"说不

文　哈亿辉、张逊

提要: 摒弃"漂绿"行为,将可持续发展作为企业核心战略,真正从业务和消费受众的生活场景出发,企业才能创造多维度价值。

"**您**是否愿意通过重复使用毛巾来拯救地球?"这是酒店的客人经常可以看到的标语牌。这一看似正常场景背后的谎言,早在1986年就被美国一个名叫杰伊·韦斯特维尔德(Jay Westerveld)的环保主义者犀利点破:这个看上去似乎很绿色环保的行为,其实只是酒店为了增加商业利润的障眼法——这也是"漂绿"一词的由来。

"漂绿"(Greenwashing),顾名思义是指企业及其产品、业务本身,并没有触及可持续实践或影响有限,却在企业形象的包装上,为自己渲染上"绿色"外衣。

如何鉴别一个组织只是穿着"绿色"马甲的伪装者?我们认为,当一个组织花费更多的精力,营销自己是"可持续的"和"环境友好的",而不是采取切实行动,将公司的业务活动与可持续发展紧密结合,进而尽量降低对环境和社会的负面影响时,便存在"漂绿"之嫌。

类似的"面子工程"演化至今,已成为新时代企业可持续发展的绊脚石,同时也给公众造成可持续发展欣欣向荣的假象。

"可持续"假象:企业陷入四大误区

早在十年前,埃森哲便预言商业将全面数字化。如今,埃森哲确信,可持续将成为新的"数字化",且每一家企业在未来都将成为可持续的企业。

但一组数据却折射出这一目标任重而道远。世界银行数据显示,虽然绝大多数政府和企业都致力于实现净零排放,但2019年全球人均碳排放量为4.6吨,仅比2013年的峰值数据低了0.1吨。而在2000年前后,这一数据只有4吨。

世界正向企业展现,拒绝"漂绿"、选择可持续,不仅影响企业长远发展,还是事关企业生死的大事。2022年11月,第27届联合国气候变化大会(COP27)在埃及沙姆沙伊赫举行,联合国秘书长古特雷斯在演讲中呼吁各方,对有关净零排放的"漂绿"行为零容忍。联合国专家小组的报告中揭示,"漂绿"行为实际上正在阻碍人类应对气候变化的斗争。

"漂绿"在组织间大行其道的同时,消费者的可持续理念也是一个薄弱环节。外界看到"绿色产品"的销售数据亮眼的背后,并不完全是消费者可持续理念的外延。很多时候,消费者是奔着"百亿补贴",而选择了更加节能环保的产品或二手产品,抑或是在没有更多产品可供选择的情况下,被迫跟上了企业的"环保步伐"。

可持续实践缘何陷入事倍功半的境况?埃森哲分析了全球各大企业的可持续发展目标与行动案例,认为企业在践行可持续发展中,主要存在四大误区。

第一,目标远大,但缺乏行动。眼下,设立可持续目标,似乎已经成了一种企业语境下的"政治正确"。但制订一份可持续发展计划,或是设定一个环境、社会和企业治理(ESG)的目标,仅是有了一个良好的开端，远非一个值得欢呼的成果。企业应将重点放在相关目标的落地和执行追踪上。

第二，以"绿"造势，误导公众。 有不少企业刻意采用"绿色"元素作为企业宣传、产品包装的视觉画面（如树叶、植被等）或文案（如可降解、纯天然等），给消费者创造一种"足够绿"的认知假象。但有时候，这些产品本身却并不环保。

第三，抓小放大，过度渲染。 还有一些企业会将影响力很小的可持续行动过度夸大，在公众心目中树立起"绿色形象"。但实际上，它们的核心业务，可能并未发生根本性的可持续转型。

第四，脱离业务，重在噱头。 不可否认，有部分企业正打着"绿色环保"的旗号，在对传统产品进行局部改良后，就溢价两倍甚至多倍进行销售。这非但无助于达成可持续目标，还会像"狼来了"一样，消耗公众对于可持续产品的信心。

内外兼修，"可持续"走向正轨

在联合国的定义中，可持续发展涉及三大核心要素，即经济增长、社会包容和环境保护。任何一方面的偏颇都不能被称为真正意义上可持续。面对艰巨的净零排放任务，企业应该如何正确地践行可持续发展理念？

埃森哲建议，在企业可操作性视角上，可以从内部（对产品和业务的重塑）和外部（消费者影响）两个层面入手，将可持续发展引向正轨。

内部重塑：构建企业"知行合一"的可持续能力

我们认为，企业第一要务是在内部建立清晰的可持续发展框架，并实现可持续与业务的紧密结合。正如一座大厦拔地而起之前，必须夯实地基，可持续发展的大厦应先要搭建好"梁""柱""基"，如此落成的大厦，方可牢靠稳固，不易垮塌。

什么是可持续发展的"梁"？即企业的顶层设计和执行、监督的机制和规范，这是企业管理者要着重思考的问题。企业管理者一方面要充分评估企业可持续发展现状，重新梳理业务机遇，理性制定可持续发展战略、路径和净零目标；另一方面要从财务视角出发，量化评估ESG表现及风险，搭建管控体系，推动企业转型。

"柱"则是在上述战略统领之下，将工作重点转向可持续的企业运营，打造企业、价值链和生态层面的可持续发展，全方位保障可持续发展框架与业务的连接和可持续目标的达成。

"基"又是什么？是构建助力可持续发展的技术底座、组织及人才保障。企业应利用绿色基础设施、绿色软件、绿色云服务等数据和技术手段，发挥组织效能和员工积极性，赋能可持续业务的高质量落地。

我们认为，为了实现可持续发展这一目标，身处不同可持续发展阶段的企业，可以采用不同的业务模式，构建战略与行动、理论与实践高度统一的可持续能力。

全局思考：适用于可持续发展处于起步阶段，决心大，计划作为"一把手工程"来推进的企业。它们可以结合行业特征和公司内部能力，围绕愿景—战略—业务—技术—组织层面，打造企业自上而下、端到端的可持续能力或解决方案后，对外发声。

单点突破：适用于有可持续发展基础，对某一话题/领域有明确需求的企业。它们可以承接公司可持续发展愿景、战略和目标，聚焦客户需求，围绕特定可持续主题，打造重点标杆项目。

循序渐进：适用于可持续事项尚未纳入公司议程，希望从可持续视角审视现行工作流程的企业。它们可以在现有的各项工作职能中，增加/融入可持续发展的理念和逻辑，进一步发掘未来可持续业务的拓局机会。

外部辐射：破除供需两端巨大认知错位和脱节

摒弃"漂绿"行为，消费端是企业必须积极面对的另一高地。

《埃森哲2022中国消费者调研》显示，近八成受访者认为低碳/可持续议题在消费中愈发重要。这意味着，消费者对可持续话题的关注度在日益增长。但是，围绕究竟何为"可持续消费"，埃森哲观察到企业和消费者，即市场的供需两端存在着巨大的认知错位和脱节，这也导致高达六成的消费者与可持续的生活理念缺乏紧密联系。

当消费者采取某种行动或做出某种购买行为时，他们更多会从这个产品是否有用、产品或服务的质量能否得到保证、能不能节省开支、该行动是否有利于社会等角度来思考问题，而不会形而上地去思考"它是否可持续"，并将之作为影响购买决策的关键因素。

如何破除市场供需两端巨大的认知错位和脱节？埃森哲认为，消费的可持续重塑始于消费者，最终落点也必将是消费者。因此，要重塑可持续消费，企业必须摒弃"让消费者更加可持续"的想法，而是

以消费者的生活场景为中心，思考"怎样使可持续更加人性化"。

可持续发展不是"嘴把式"，需要实干家。为此，企业需要重新定义可持续发展的含义和表现形式；了解消费者最关心和关切的事项，从而重新与消费者的价值观建立联系；建立伙伴关系和平台，鼓励消费者养成能够产生可持续价值的生活方式，进而促进其选择可持续的产品和服务，而非单一强调产品的可持续属性。

以阿里巴巴为例，作为国内领先的消费平台企业，阿里巴巴不仅致力于自身的绿色转型，还开创性地推出了"88碳账户"，覆盖手机淘宝、饿了么、闲鱼、高德、菜鸟等阿里生态App，让消费者在"1+N"的生活场景中，逐步实现向绿色生活方式的转变。2023年，阿里巴巴还与埃森哲联合发布了消费行业《减碳友好行动指南》。

有志于拥抱未来并赢在未来的企业，需要坚定地摒弃"漂绿"行为，将可持续发展作为核心战略，真正从企业的业务和消费受众的生活场景出发，创造多维价值。正如上述联合国的定义，实现经济增长、社会包容和环境保护的协调统一，才是正确"可持续发展观"的根本。

哈亿辉
埃森哲大中华区战略与咨询总裁

张逊
埃森哲大中华区董事总经理、可持续发展业务主管

业务垂询：accenture.direct.apc@accenture.com

提要: 企业若能够做到持续、无缝用云，就可以利用云端的无限新机，提高效率、改善体验和拉动业务增长，摆脱上云困境，全面收获上云价值。

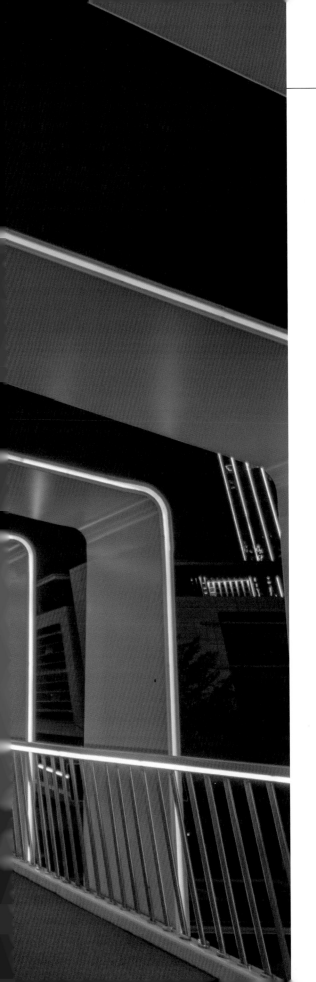

竞速上云，收获全价值

文 俞毅、唐青、戴虹、于雅

近几年，全球企业对云计算的投入进入了高速增长期。埃森哲调研显示，超过86%的企业扩大了使用云的范围和规模。企业已经充分意识到通过上云可以提升效率、业务、成本和社会责任四大核心价值。与此同时，随着经济的复苏和人工智能技术的颠覆式创新，部分上云先锋企业已经开始应用云端技术和能力，从信息化、数字化迈入云上智能化的新阶段。

为了解企业的上云进程及云投资的价值回报情况，埃森哲在2022年面向全球800家年收入在10亿美金以上的企业开展了调研。结果显示，企业只有持续不断地投资上云业务，推动上云进程，满足不断变化的业务需求，才有望全面解锁上云全价值。

上云是个进行时

从上云进程来看，约三分之一的受访企业（32%）表示已完成上云旅程，并对当前达成业务目标的能力感到满意；41%的受访企业表示，企业仍在推进，并将持续推进上云旅程，以满足不断变化的业务需求（见图一）。

图一 企业对其当前上云现状的描述

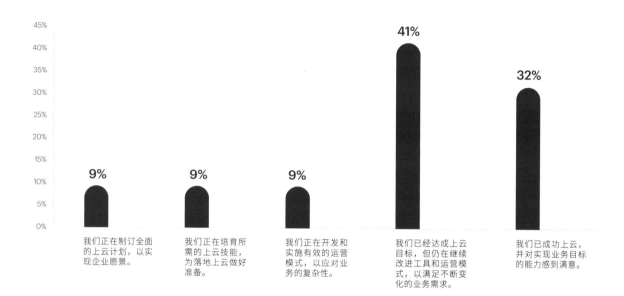

			41%	**32%**
9%	9%	9%		
我们正在制订全面的上云计划,以实现企业愿景。	我们正在培育所需的上云技能,为落地上云做好准备。	我们正在开发和实施有效的运营模式,以应对业务的复杂性。	我们已经达成上云目标,但仍在继续改进工具和运营模式,以满足不断变化的业务需求。	我们已成功上云,并对实现业务目标的能力感到满意。

我们发现,业务领导者和IT领导者对所在企业上云的看法大相径庭。44%的业务领导者认为企业已完成上云旅程,而持相同观点的IT领导者仅占27%。同时,45%的IT领导者认为企业的上云旅程还在不断演进,而只有34%的业务领导也这样认为。

在自评已完成上云旅程的受访企业中,79%将自身评定为深度用云企业,49%表示已全面实现预期的上云成果。其中,围绕上云五大价值杠杆:成本节约、速度提升、业务赋能、服务水平改善以及韧性/业务连续性,业务赋能取得了最显著的成果(54%的企业已实现)。并且,相较于继续推进上云的企业(44%),自评已完成上云的企业在创新和业务重塑方面的IT资源投入有所减少(40%)。

而在为了满足业务需求而持续推进上云进程的受访企业中,60%将自身评定为深度用云企业,42%表示已全面实现了预期的上云成果。它们在业务赋能和服务水平改善等领域都取得了不错的成果,两者占比均为45%。

初看起来,已完成上云之旅的企业似乎表现更好,相关数据也支持了这一论断。但埃森哲认为,云已经演变为功能强大的动态连续体,涵盖了从公有云到边缘云之间的所有能力。今天的企业不仅需要知道哪些业务问题可以通过云来解决,还要了解云能为自身业务带来哪些新的可能性,以充分利用云计算的潜力。为了全面实现上云价值,企业需要在"持续、无缝用云"先进实践的支持下,不断进行自我重塑。因此,不论企业目前的自评进度如何,上云征程都远未结束,否则将会错失实现更多价值的机会。企业应明确目标,加速价值实现,注重构建具体的云应用案例,推动实现业务目标,并适时调整运营。

上云价值难收获

而在收获上云价值方面,研究发现企业虽然在上云方面已经取得了长足进展,但距离实现全部云价值仍然存在差距。九成受访企业都表示已基本或全部实现了预期的上云价值,但平均只有42%的企业围绕五大价值杠杆全面取得了预期成果,较2020年仅上升了5个百分点。若想和深度用云的领军企业一样,收获更丰厚的价值回报,全面实现上云愿景,大部分企业仍需付出更多努力和投资(见图二、图三)。

图二 全面实现预期上云成果的企业占比

	2022年	2020年	2018年
	全面实现		
成本节约	39%	37%	34%
速度提升（例如：推出新产品或新服务等）	42%	40%	36%
业务赋能（创新、数据获取和分析）	45%	36%	35%
服务水平改善（例如：资源配置）	43%	32%	34%
韧性/业务连续性	42%	33%	n/a
平均占比	**42%**	**37%**	**35%**

图三 全面实现上云预期成果的企业占比（按用云程度划分）

成果	深度用云企业	中度用云企业	轻度用云企业
	全面实现		
成本节约	43%	30%	38%
速度提升（例如：推出新产品或新服务等）	46%	36%	24%
业务赋能（创新、数据获取和分析）	50%	38%	10%
服务水平改善（例如：资源配置）	48%	37%	24%
韧性/业务连续性	46%	38%	10%
平均占比	**47%**	**36%**	**21%**

不难看出,受访企业虽然在业务赋能领域取得较大进展,较2020年增长9%,但"成本节约"的成果并不如人意,较2020年只提高了2%。导致上述落差的原因之一是,很多企业投资速度过快,使得成本急剧上升。为了获得上云所能带来的成本效益,企业必须进行现代化改造,转变到云原生的思维模式:打造现代化架构和运营模式、利用云成本合理优化(FinOps)和云控制面板(Continuum Control Plane)工具提高收支透明度,并通过不同手段有效管理当前复杂的IT环境。由于复杂性的不断提高,缺少以上任何一点,都可能会导致成本迅速攀升。

同样,在所有企业中,平均47%的深度用云企业正在继续全面收获上云成果,高于中度用云企业(36%)和轻度用云企业(21%)。即便如此,深度用云企业全面实现上云成果的增长速度也低于预期,这表明,上云的目标越高远,面临的挑战就越艰巨。

我们的研究还发现,企业无须总是单枪匹马开启上云征程,使用第三方的云服务也能使企业取得更大成就。在全面实现上云成果的企业当中,近半数(45%)都大量使用了托管服务,将工作重心放在跟业务更相关的增值功能上,从而更好、更快地实现预期价值。托管服务不仅能够提高生产效率,而且能够帮助企业降低成本和风险。

如何摆脱上云困境

全力上云的企业如此之多,但为何价值却没有同步增长? 原因或许很简单: 复杂性越高,挑战越大。

上云初期,企业倾向于将不太重要且易于管理的小型工作负载迁移到云端。但随着用云的不断深入,企业也会将重要的业务核心应用程序迁至云上加以现代化改造。迁移业务关键工作负载,并了解如何在云上安置这些工作负载以实现最大价值已不再是易事。

除此之外,企业还需要应对另一个难题,即如何招募和挽留具备云迁移、云管理和云运营技能的优秀人才。为了持续实现上云的价值,企业必须对员工和流程进行转型。

而随着云进程的深入,企业不再满足于通过对底层云资源进行精细化运营以提升对上层业务的支持力度、降低总IT成本,更需要整体转型和全面重塑,以驱动创新和持续发展,为自身注入更多的竞争力。

上云只是起点,利用云构建新的生产关系,打造新的业务增长引擎,实现业务流、人才流、信息流、货物流、资金流的在线化、网络化,成为"云上企业",将上云重点由成本转向价值,对企业而言具有重要意义并挑战重重(见图四)。

图四 阻碍企业全面实现上云成果的障碍(前三大障碍和最大障碍占比)

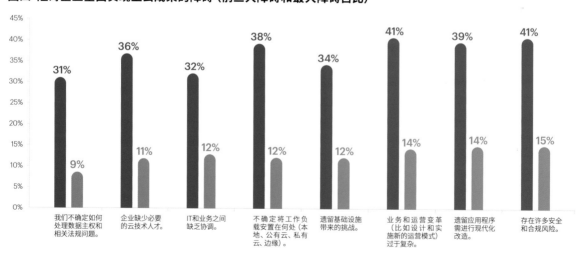

安全和复杂性仍然是企业最频繁提到的挑战。为解决安全和合规的问题，埃森哲和阿里云通过Landing Zone解决方案，针对不同行业给出上云建议，并基于最佳实践提供先进的云上IT治理解决方案，帮助企业实现高效的云转型。[1]

此外，在实践中，"业务和运营变革的复杂性"也不容小视。如何将所有的业务综合起来，设计相应的云上运营模式；在新的业务模式下，建立适合架构和运营的具体方案，以及如何搭建团队，都是上云后非常重要的问题。否则，即使企业上云了，也无法高效地使用系统，无法实现内部操作性，无法发挥最大的价值。

而要解决这些"老生常谈"的难题，企业亟须发展成为云优先企业，扩大用云的规模和范围。但目前，大多数企业仍将大量资金用于维系现有的系统和流程，而非开展云创新。IT高管们表示，57%的IT资源都用于维护现有系统和流程，只有43%投向业务重塑和创新。虽然这并不是错误的，但他们确实需要更战略性地选择前进方向。

企业全面重塑是建立企业韧性的必由之路，而云为此奠定了坚实的基础。许多企业已经意识到了拐点前方的价值。当被问及会在哪些方面投入额外资金进行企业全面重塑时，43%的受访企业表示，将追加投资于"增强数据分析和人工智能"。这些企业已经认识到了充分利用数据推动价值实现是建立自身竞争优势的新阵地。对遗留应用程序进行现代化改造、提升人才技能这两项则分别以37%和35%的占比，在业务全面重塑的诸多要务中位列第二、第三位，这两者也是把握复杂上云机遇的前提条件（见图五）。

图五 企业将在哪些领域追加投资以重塑业务（排名前三的任务占比）

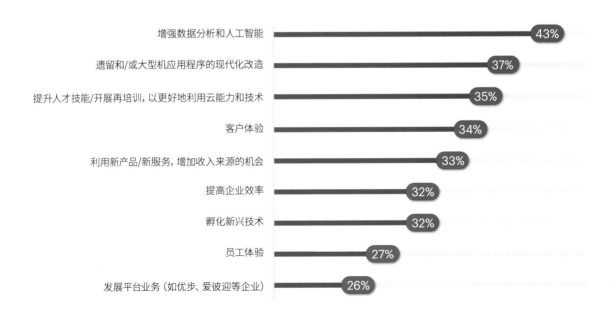

增强数据分析和人工智能	43%
遗留和/或大型机应用程序的现代化改造	37%
提升人才技能/开展再培训，以更好地利用云能力和技术	35%
客户体验	34%
利用新产品/新服务，增加收入来源的机会	33%
提高企业效率	32%
孵化新兴技术	32%
员工体验	27%
发展平台业务（如优步、爱彼迎等企业）	26%

1. 埃森哲+阿里云，《数字化转型聚力云上》。

中华联合财险与埃森哲、阿里云合作，通过彻底重构核心业务系统，实现了客户、渠道、营销、承保、理赔等多条业务线的全覆盖。该系统引入了阿里云的先进技术经验，重构核心系统，实现了IT治理体系和技术架构的转型。通过先进的技术架构和理念，以及敏捷的运营模式和体系，我们助力企业能力提升。通过数字化转型，企业完成了组织、人才、文化、流程业务模式、技术支撑能力的革新。此外，中华联合财险通过自我颠覆，重构商业模式，从线上化逐步过渡到数字化和智能化。

五大行动破解上云价值密码

破解上云价值密码、明确聚焦哪些业务用例变得至关重要。云的主管领导不仅要利用云推动成本节约，还应从战略角度全面考量，利用云促进变革、拉动增长。为此，企业需要在用云满足当下业务需求和识别新机遇之间取得平衡。埃森哲提出五大关键行动建议，帮助企业解锁未来机遇，挖掘上云的最大价值。

第一，重塑业务、保持行业竞争优势

充分利用云端的全部力量作为变革的推动力，保持商业和行业的核心竞争优势。衡量投资的风险和收益，根据收益实现的周期长短考虑创建用例的优先次序，将投资与新兴的业务战略保持一致。

第二，善用云端各种能力

将云作为运营模式和未来战略的推动者。成功的关键在于组织在持续用云的过程中能够采用正确的能力和服务组合。

第三，从数据和人工智能中释放新的价值

受访企业普遍认为，数据和人工智能是追加投资的首选领域。原因是卓越的数据能力已成为企业打造行业竞争优势的新阵地，数据可以为企业带来全局层面的洞察，帮助企业提升竞争力并实现持续增长。

第四，驾驭云经济

在日益复杂的云环境中，企业必须能够掌控和优化云开支。这不仅要求企业做到财务透明、监督有效，还需要将对话从云成本转向云价值。

第五，重构运营模式和员工队伍

如何设计和改造运营体系以匹配云端模式？仅靠技术本身无法维系云的价值，企业还必须同时转变人员和流程——从工作方式到组织文化——以充分发挥云的优势。

此外，企业要重视领导者在云优先转型管理中所起到的关键作用。企业领导者不仅要在上云目标上统一思想，还要展示持之以恒的上云决心。只有这样，企业领导者才能带领自己的企业步入价值加速增长的全新时代。

云计算是企业需要不断强健的核心能力。只要企业善于用云，能够做到持续、无缝用云，就可以利用云端的无限新机，提高效率、改善体验并拉动业务增长，全面收获上云价值。◩

云创新数字服务2.0

埃森哲联合阿里云共同发布了云创新数字服务2.0的能力框架和成熟度模型，梳理了云服务模式的演变历程，指出了数字化时代，企业要实现云端数字化转型，需要的是双核融合（云产品厂商和云专业服务商共建卓越能力中心、共同投资、互为补充，形成具备多样化能力的长期稳定的云服务阵型）和多核衍生（云厂商和云服务商共建的卓越能力中心导入企业内部，形成数字化时代的新生产关系）的新型云服务。

▼

俞毅
埃森哲全球副总裁、大中华区企业技术创新事业部总裁、埃森哲阿里事业部总裁

唐青
埃森哲大中华区企业技术创新事业部董事总经理、云优先业务主管

戴虹
埃森哲阿里事业部董事总经理、大中华区业务主管

于雅
埃森哲商业研究院研究经理

业务垂询：accenture.direct.apc@accenture.com

软件定义汽车：
车企增长新"引擎"

文 克里斯托·汗、陈明、尹刚、郁亚萍

提要：紧握软件定义汽车机遇，整车企业可在数字服务竞赛中建立竞争优势，解锁增长新"引擎"。

现如今，消费者在购车时不仅会考虑汽车的性能、可靠性和安全性，更看重汽车是否能像手机一样智能，成为终端互联设备，提供跨渠道的实时响应、个性化功能和服务。这一消费转变为汽车行业带来了全新竞争格局，汽车行业的收入池（Revenue Pool）也因此迎来结构性调整。埃森哲商业研究院分析预估，到2040年，中国汽车行业数字化服务收入将增长16倍，超过1万亿美元（约7万亿人民币），接近汽车与出行行业总收入的半壁江山（46%）（见图一）。

图一 汽车与出行行业数字化业务的收入日益攀升

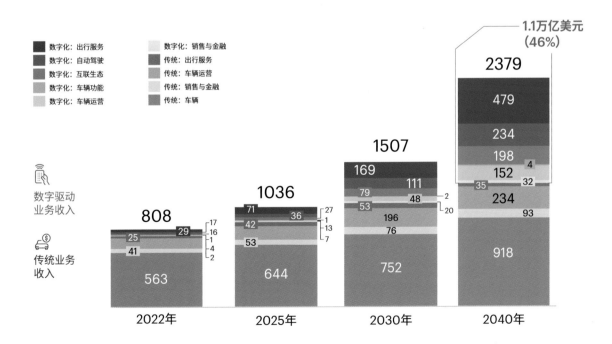

资料来源：埃森哲商业研究院（2023）。

然而，整车企业是否已做好准备，把握软件定义汽车的机遇？

我们对汽车行业高管的采访表明，尽管整车企业均认为转型势在必行，但其研发治理模式（包括产品设计与开发、验证和执行）尚不完善，难以构建和交付软件支持的服务。市场也给出了同样的答案：过去五年，消费市场和资本市场虽然经历起伏，但特斯拉、比亚迪等新能源车企保持了强劲的收入和市值增长，传统整车企业在运营效率和研发速度方面难以与它们相匹敌（见图二）。

换言之，整车企业若想在数字服务竞赛中建立竞争优势，则须重新审视企业自身，采取以下四大模式，解锁万亿收入。

图二 新能源车企引领收入和市值增长

值得注意的是，目前传统整车企业很难将研发决策与软件定义汽车的价值创造联系起来。受访高管已经看到了巨大的改进空间，尤其是在研发治理模式方面。

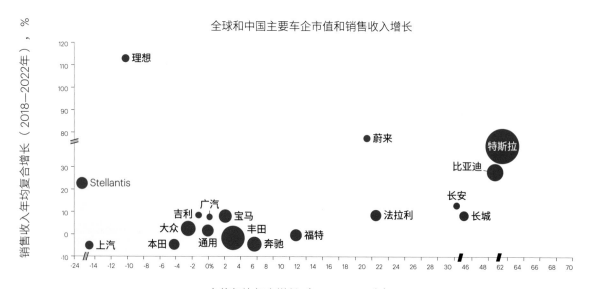

全球和中国主要车企市值和销售收入增长

气泡大小表示该公司在2022年12月30日的市值。

数据来源：全球市值排名前十和中国市值超100亿美元的上市车企，埃森哲商业研究院基于CapIQ分析。

审时度势，果断投资

许多整车企业开始聚焦软件定义汽车新模式，并斥资数十亿美元用于开发全新的软件和服务导向型架构。投资该领域可带来三大优势：①打造与科技巨头相匹敌的汽车客户体验；②构建可扩展、可复用、高效、快速的软件平台，帮助整车企业加快开发速度，并提高最终产品质量；③在互联生态系统上开辟新的利润池和可持续的收入来源，诸如音乐流媒体、代客泊车或缴付路费等服务。此外，网约车和自动驾驶等新型出行服务同样蕴含着巨大的创收潜力（见图三）。

图三 出行与汽车领域的数字收入预测图

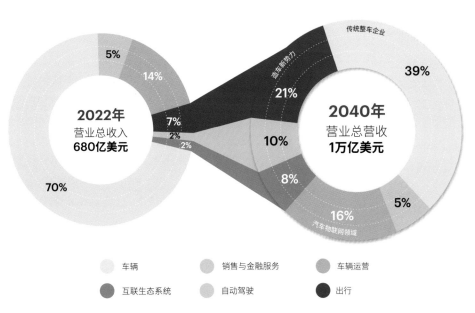

重新定义产品

车企不仅要关注汽车本身，更需要构建一个服务平台，采取端到端的思维模式，将业务模式和高性能技术堆栈完美结合，打造令人愉悦的客户旅程。

它们需要采取整合系统思维，即考虑独立系统之间的相互作用，使它们作为一个统一运作的集体，来实现前所未有的独特功能。这些系统包括前端、云/后端、基础设施和生态系统的接口，以及汽车平台（见图四）。

图四 可实现全新独特能力的整合系统思维

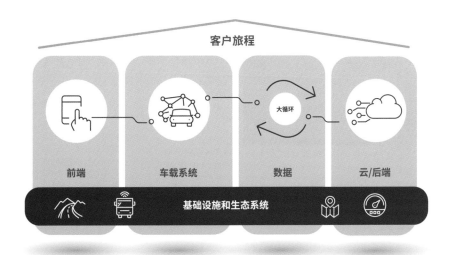

案例研究

蔚来和它的"粉丝群"

蔚来是造车新势力中的佼佼者,它将"客户至上"理念与软件企业的思维合二为一,推出了一系列注重打造独特用户体验的新车产品,[1]并拓展新的收入来源。

蔚来以塑造社区文化为出发点,支持其用户通过应用程序建立联系,相遇在蔚来空间和蔚来中心,并将目标客户群定位为"粉丝",注重用户反馈,用户可以与蔚来高管直接沟通,产品升级也得以快速实施。车载系统的语音助手NOMI可为汽车增添情感温度,彰显独特个性。[2]

更重要的是,蔚来能够切实解决客户痛点。例如,蔚来可以通过快速更换整块电池来解决汽车充电时间过长或充电站一站难寻的问题,[3]推出出行管家服务,为车主预约专属司机提供机场接送、亲友接送和疲劳代驾等贴心服务,[4]并计划引入AR/VR眼镜、语音交互和尖端运动技术,打造车内沉浸式3D影院体验。[5]

找到正确控制点

服务平台应被视为业务模式的助推器,帮助整车企业打造有利于实现未来收入的业务模式,但并非所有围绕服务平台而展开的事项都具有同样的重要性或差异性。整车企业须权衡利弊,找到正确的控制点,并为之投入时间、金钱、人才等稀缺资源。

整车企业需要自问:哪些控制点可以支撑目标业务模式,创建最优驾驶体验?当下生产软件定义汽车涉及哪些研发层?应该自主开发操作系统还是与他人合作?需要拥有哪些专有技术,又有哪些技术是可以靠采购实现的?这些问题很复杂,因为当下汽车技术堆栈范围十分广泛,远远超出汽车本身,涵盖提供互联数字体验和服务所需的一切(见图五)。

1. 动点科技 (2017),《蔚来始终将用户放在第一位,汽车放在第二位》,https://technode.com/2017/11/28/techcrunch-shanghai-nio。
2. 蔚来 (2020),《NOMI——全球首个车载人工智能系统》,https://www.nio.com/blog/nomi-worlds-first-vehicle-artificial-intelligence。
3. 蔚来 (2021),《电动汽车电池更换的现状》,https://www.nio.com/blog/current-state-ev-battery-swapping。
4. 懂车帝 (2022),《NIO Drive一键预订你自己的旅行管家》,https://www.dongchedi.com/article/7114582454593552904。
5. 蔚来 (2021),《2021蔚来汽车日在苏州举行,智能电动轿车ET5亮相》,

图五 当今的汽车技术堆栈包含提供数字体验和服务所需的一切

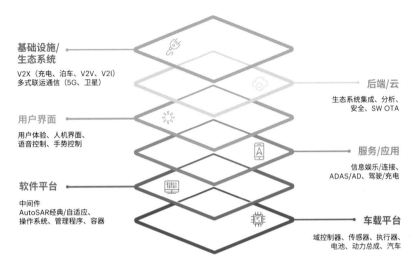

基础设施/生态系统
V2X（充电、泊车、V2V、V2I）
多式联运通信（5G、卫星）

后端/云
生态系统集成、分析、安全、SW OTA

用户界面
用户体验、人机界面、语音控制、手势控制

服务/应用
信息娱乐/连接、ADAS/AD、驾驶/充电

软件平台
中间件
AutoSAR经典/自适应、操作系统、管理程序、容器

车载平台
域控制器、传感器、执行器、电池、动力总成、汽车

图例：车联万物（V2X）；车对车（V2V）；汽车对基础设施（V2I）；用户体验（UX）；人机界面（HMI）；汽车开放系统架构（AutoSAR）；软件无线更新（SW OTA）；高级驾驶辅助系统和自动驾驶（ADAS/AD）。

案例研究

特斯拉和中国车企的全栈方法

特斯拉不但为汽车核心领域带来了很多创新，其对未来数字服务的承诺也为企业带来了高额利润。

特斯拉有着多样化的收入来源，既涵盖核心汽车价值链，也包括其围绕电动汽车创造的完整生态系统。如今，特斯拉还推出了汽车保险业务，[6] 并努力将汽车座舱转变为娱乐平台。[7] 此外，特斯拉看到了家用充电器或太阳能电池板的潜在价值[8]——当用户把家居和汽车连接到电网时，特斯拉将参与到能源的产生、缓冲和代理中，从而创造一个全新且备受期待的"并行能源市场"。[9]

中国造车新势力大多是特斯拉全栈策略的追随者。从自动驾驶、智能座舱，到底盘、电池等硬件控制，它们希望能把汽车的"灵魂"掌握在自己手中。如小鹏汽车引以为傲的自动驾驶，由其自主研发完成。[10] 以电池和垂直产业链整合见长的比亚迪，这两年也加快了在软件定义汽车核心领域的自研部署，从投资芯片公司、发布自研操作系统BYD OS，到即将发布的新技术"云辇"系统，这家公司试图在汽车智能化道路上给市场带来更多惊喜。[11]

---

6. 特斯拉（2022），《保险》，https://www.tesla.com/insurance。

7. Electrek（2022），《埃隆·马斯克：正努力让Steam游戏在特斯拉上运行》，https://electrek.co/2022/02/22/elon-musk-tesla-working-steam-video-games-work-in-vehicles/。

8. 特斯拉（2022），《能量墙》，https://www.tesla.com/powerwall。

9. Smart Energy International，《特斯拉着眼能源交易市场机会》，https://www.smart-energy.com/storage/tesla-eyes-energy-trading-market-opportunity/。

10. 汽车之家（2022），《小鹏汽车：我们始终坚持全栈自研不动摇》，2022年1月26日，https://www.autohome.com.cn/news/202201/1236110.html。

11. 汽车之家（2023），《神秘黑科技：比亚迪"云辇"正式官宣》，https://www.autohome.com.cn/news/202303/1281407.html。

整车企业应充分利用传统资产，发挥其核心研发优势，打造以客户为中心、具有竞争力的软件定义汽车。它们需要考虑应如何协作、组合、配置和构建平台，而这些平台又可能是开源的、联盟驱动的或由科技企业提供的。基于这些考量因素，我们认为当下有四种原型可供车企参考（见图六）。而在做出决策之前，车企也需要从目标利润池和业务模式、标准解决方案的成熟度、对未来能力的评估以及财务资源和长期投资意愿这四大方面进行全面评估。

图六 每个模式都包含汽车技术堆栈的不同元素

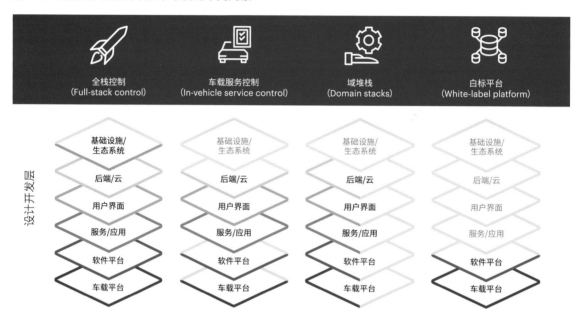

全栈控制 (Full-stack control)

优势：全栈控制可以带来最大的潜在收入和客户忠诚度，以及客户数据的完全所有权。通过构建和拥有所有元素，车企将拥有完整的产品、服务和体验，以及完成交付所需的一切。

劣势：车企需要管理汽车生命周期中复杂的生态系统（如充电基础设施管理），并难以将潜在市场开拓到自身品牌之外。[12] 简而言之，如果采用这种方法（以特斯拉为例），车企需要对基础设施和技术能力进行大量投资。

车载服务控制 (In-vehicle service control)

优势：整车企业控制大部分关键技术堆栈，而其他非核心部分可交由合作伙伴开发管理，梅赛德斯-奔驰、宝马等企业都选择了这种方法。[13]

劣势：该模式需要大量配套基础设施，且应用开源软件可能会引发安全问题。如果选择加入新的联盟和生态系统，车企需要权衡实现完全控制与开发和运营特定层所需的成本和能力。

12. 特斯拉（2022），《增压器》，https://www.tesla.com/supercharger。
13. 欧洲汽车新闻（2022），《报告称大众将使用高通自动驾驶芯片》，https://europe.autonews.com/automakers/vw-use-qualcomm-chips-automated-driving-report-says。

域堆栈 (Domain stacks)

优势： 该模式旨在开发高度专业化的服务，可以与第三方制造商的硬件和接近硬件的软件协同运行，为整车企业提供客户体验的所有权，并因此可访问有价值的终端消费者数据。

劣势： 该模式将限制整车企业对硬件质量及其所提供的体验的控制，其核心服务体验提供商有可能因此成为其他行业参与方事实意义上的软件供应者，从而面临未知的风险。

白标平台 (White-label platform)

优势： 该模式为其他企业提供无品牌的"白标"平台，让它们在此基础上构建服务，并纳入自身品牌旗下进行推广。该平台可以是软件或者硬件，或者是两者的组合。未来，一些车企甚至可以开放整车平台，为其他企业提供整车服务。

劣势： 虽然双边或三方汽车项目在过去取得了巨大成功，但长期的平台运行需要新的能力。成功与否取决于车企能否处理好架构协同和流程治理的难题，以及能否为第三方提供广泛的维护和支持。

因为新型数字业务模式与汽车生命周期、计算方案和技术领域整合一体并非易事。

（2）通过可扩展的技术构建模块创新交付路线图。为确保大规模、短周期软件业务的交付速度和质量要求，整车企业需要协调去耦合可扩展模块的构建。基于模型的系统工程开发方法，采用一致的流程和工具链（包括集成、测试和运营），有助于进一步提高组织的敏捷性。

（3）利用托管的端到端架构优化业务和技术视图。优先考虑架构，采用能够将端到端功能架构、软件架构、汽车架构和生态系统接口等集于一体的集成式框架，以此减少孤岛效应。确保功能组合与不同版本的架构和汽车项目路线图保持一致，充分释放创新活力。

随着汽车软件的复杂性不断增加，整车企业很难凭一己之力缩短开发周期。对外，它们需要与生态伙伴合作，采用将软件和汽车专业知识相结合的生态系统方法。对内，则需要重新定义管理理念，以培养敏捷性。高管应充分发挥领导才能，推动车企文化变革并积极引进多元人才，打造一支多学科、多元化的团队。

整车企业正处于发展的十字路口。它们必须审慎规划下一步行动，明确软件定义汽车技术堆栈中的战略控制点。有如此，整车企业才能够把握新的数字化机会，打造面向未来的业务，稳步实现创收。◪

重塑企业文化和架构

在转向软件定义汽车时，整车企业还需要完成组织转型。整车企业应锐意变革，确保整个汽车生命周期内的软件更新和升级。为此，它们需要关注以下三大要务，打造面向未来的业务：

（1）管理业务模式所有权和市场准入。在业务层面，整车企业需要对其业务模式（如汽车销售、数字销售、企业间业务）有明确的所有权（包括预算和捆绑要求），并以此指导技术开发。这一点尤为重要，

克里斯托·汗
埃森哲欧洲市场董事总经理、工业X事业部汽车行业主管

陈明
埃森哲大中华区董事总经理、工业X事业部汽车行业主管

尹刚
埃森哲大中华区工业X事业部umlaut中国董事总经理

郁亚萍
埃森哲商业研究院研究经理

业务垂询：accenture.direct.apc@accenture.com

绿色金融：
"双碳"经济时代，
银行业务增长新引擎

文　张逊、陈姚玉、高鹏、张越、谭方辉

提要： 绿色金融有望成为银行业新的业务增长引擎。银行业应始终以价值为驱动，调动自身及产业链上下游资源，共同应对全球气候变化挑战，助力经济绿色转型与可持续发展。

我国"双碳"目标提出以后，各级国家机关、行业组织、金融机构积极响应和行动，加速对绿色金融的政策支持和落地尝试。在国家政策指引的框架下，绿色金融的内涵也在不断延伸，绿色金融产品和服务的创新层出不穷，潜力巨大。

中国人民银行、中国银保监会、中国证监会*等相关机构相继出台指导意见，初步确立了一套自上而下的绿色金融政策体系（见图一），该体系发展呈以下特点：绿色金融标准体系国内统一、与国际接轨；产业及项目发展重点更加明确；鼓励积极拓展创新金融产品及工具；鼓励数字科技赋能绿色金融管理。并且，随着政策推进和产业转型深入，绿色金融所覆盖范围也不断从"狭义"向"广义"扩展。纵观国内外绿色金融内涵的演进过程，大体可分为三个阶段（见图二）。

图一 绿色金融政策一览（截至2022年12月31日）**

国家层面	中国人民银行		银保监会、证监会	其他相关机构
"30/60"双碳目标引领	《关于构建绿色金融体系的指导意见》（2016）		《银行业保险业绿色金融指引》	《绿色产业指导目录》
"1+N"政策体系支撑	"三大功能""五大支柱"政策思路（2021）			《企业环境信息依法披露管理办法》
2030前碳达峰行动方案	《金融科技发展规划》（2022—2025年）	《金融机构环境信息披露指南》	《绿色债券支持项目名录》	《全国碳排放权交易管理办法》
	碳减排支持工具	《银行业金融机构绿色金融评价方案》		

*, ** 2023年3月，中共中央、国务院印发《党和国家机构改革方案》，敬请读者留意后续监管政策的调整与更新。

图二 绿色金融内涵演进路径

2016年: 绿色金融1.0
确立基本内涵

2021年: 绿色金融2.0
完善发展思路

未来: 可持续金融
延伸发展方向

关注具有正向环境效益的绿色产业项目

> 除绿色产业项目外，转型金融、绿色创新及碳衍生产品均纳入绿色金融范畴

> 绿色金融

碳汇
甲烷
生物多样性
海洋经济

信息来源: 埃森哲分析。

国家"双碳"政策的引导和产业优化升级，势必会增加高碳排企业的绿色转型需求，石化、有色、化工、造纸、电力、建材、钢铁、航空等行业首先做出响应，提出资金需求和产品要求。规模上，作为我国已较成熟的主流绿色金融产品: 绿色信贷和绿色债券，在2018—2021年3年内实现规模翻倍，其中绿色信贷和绿色债券分别排名全球第一和第二 (见图三)。

图三 我国主要绿色金融产品存量规模

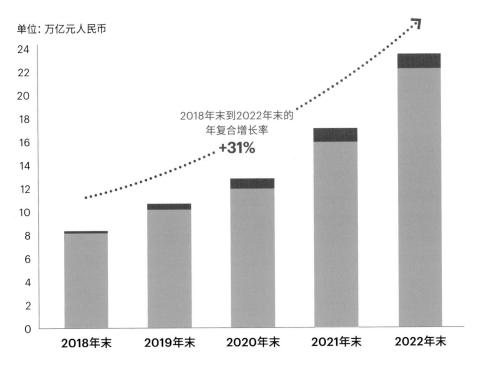

单位: 万亿元人民币

2018年末到2022年末的
年复合增长率
+31%

- 绿色债券 (债券余额)
- 绿色信贷 (贷款余额)

信息来源: 中国人民银行。

规模扩大催生产品创新，更为灵活的绿色保险、绿色基金、绿色信托等创新产品层出不穷，以满足客户的特定需求。部分银行贯彻商投联动战略，发展出涵盖企业金融、零售金融、投行和金市、基金、信托、租赁等各条线在内的一揽子综合金融服务。例如，2020年7月，国家开发银行、中国银行、建设银行、工商银行、农业银行、交通银行共同投资设立了国家绿色发展基金，是目前中国唯一一个环保领域国家级基金，基金总规模885亿元。[1] 国家绿色发展基金的成立引导资本参与绿色金融和"碳中和"发展，有效撬动社会资本参与绿色产业发展。

解构四大挑战，突破绿色金融发展掣肘

目前，我国绿色金融发展势头强劲，但对银行来讲，现阶段仍然面临诸多问题与挑战。

第一，与传统业务融合不足。目前我国银行仍处于绿色金融业务发展初期，尚未摸索出一套适合绿色金融业务表现的评价指标，且容易忽视绿色金融与传统业务的融合与价值共创，影响了其经济效益和价值效应。

---

1. 《中国绿色金融发展报告——中国金融业推动碳达峰碳中和目标路线研究（2021）》，21世纪资本研究院，汇丰银行，2021年。

第二,绿色金融产品相对单一且高度同质化。目前绿色金融产品大多集中在对公信贷和债券,服务对象基本以大型企业为主,且绿色消费场景较单一,在调动家庭、个人绿色行为上的零售类产品探索不足。

第三,绿色金融数据基础不完备。绿色金融对各类环境数据的规范性、时效性、整合度、精准度的要求更高。但实际落地过程中,部分数据仍缺少国家规范和行业标准,各金融主体存在数据获取难、整合难、不一致和真实性存疑等问题。另外,较低的数字化成熟度导致大量流程仍依赖手动或半自动化。

第四,绿色风控体系不健全,缺乏气候韧性。绿色金融政策和标准尚在发展中,风险识别、审批、加权和预警未形成系统化、标准化的流程和制度体系,较难实现精准风控。主要表现在信息不对称导致新增项目风险评估识别难度增加、存量项目风险管理难度增大、尚未统一的评估标准增加企业和商业银行双方潜在风险这三方面。[2]

聚焦三大维度,构建绿色金融综合服务能力和领先优势

银行发展可持续金融、成为绿色金融领军者需要一套自上而下的战略与管理体系,既要在战略和目标上高瞻远瞩,确立绿色金融愿景,也要在战术和打法上竞位争先,结合资源禀赋差异化布局,并通过底层能力的建设(组织和人才、数字化、风控等),赋能业务目标的实现。埃森哲基于服务全球领先银行所积累的洞察与经验,建议银行从愿景及目标、业务定位及布局、能力支撑等三个层面入手,制定自身绿色金融业务的战略框架(见图四)。

成为绿色金融领军者的关键要素

需要具备……

- 从"传统"的财务及经济指标,转为**采用更广泛的ESG/绿色金融指标体系来衡量成功**
- **产品:**积极融合传统业务,为客户(企业、商业、中小企业、零售业)提供**独特、经济可行的可持续银行解决方案,**包括贷款和投资解决方案
- **数据:360°ESG数据收集、分析和报告能力**
- **曝光:**强化对公众、投资者和股东的信息披露

可持续发展金融领军者

并需要克服以下诸多挑战……

- 提高对可持续发展效益的认知:**提高气候韧性、提升品牌绿色认知度、丰富评价体系**
- 从客户及供应链/分销链中**获取高质量的ESG数据**,特别是私营公司及中小企业数据
- 在**产生有意义的ROE**时,嵌入与可持续相关的活动和解决方案

---

2. 《碳中和目标下商业银行绿色金融发展路径探析》,中国建设银行福建总审计室,刘瑜,《福建金融》,2021年。

图四 银行绿色金融战略框架

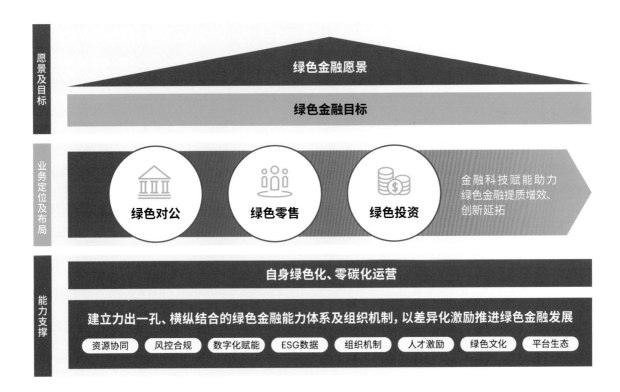

信息来源：埃森哲分析。

愿景及目标：以价值为驱动，制定绿色金融发展战略，并设立配套的业务目标和组织运营目标

银行应充分响应国家"双碳"目标，明确自身发展绿色金融的业务定位，并从总行的战略高度设立绿色金融愿景，再将其拆解为绿色业务目标和自身绿色运营目标，对外向股东、监管、市场和客户传递，对内向员工统筹部署，将其落到业务定位与布局、核心能力建设上。我们研究发现，诸多领先金融机构已实现以富有雄心的长期目标为引领，承诺在2050年前实现净零排放，并通过投放万亿美元可持续融资带动全价值链的低碳转型。

业务定位及布局：结合银行自身资源禀赋，明确各业务线的差异化定位和布局

发展绿色金融不应是对传统业务的取代和颠覆，而是对传统业务范围的延伸、聚焦和融合。

在对公产品上，银行需要以行业生态建设为抓手，以产业链核心客户为中心，打造一站式绿色金融综合服务方案。结合自身产业布局及资源禀赋，明确高潜力绿色产业赛道；并以产业为抓手，围绕客户行业及供应链提供差异化、特色化绿色转型综合服务。

在零售产品上，除常规绿色零售产品外，通过碳普惠丰富金融场景，联动对公和零售业务，构建以碳账户为核心的绿色金融服务新生态。一方面，银行需

要从消费者的角度出发，了解、识别消费者对低碳场景的需求，通过用户画像精准匹配产品和服务，夯实C端服务基础。另一方面，绿色金融强调银行业务的整体配合，通过公私联动，拓展绿色对公客户代发工资、理财、个人现金管理、私人银行等零售业务。

除对公和零售外，包括绿色信托、投资基金、租赁在内的投资业务不仅是绿色信贷和债券外的重要补充，还将成为银行开展绿色金融、拓展潜在大客户的"敲门砖"。部分银行的投资子公司已投资热点行业，如光伏、风电以及新能源车产业链率先布局，绑定优质客户，并以此为基础长期发展对公和零售业务。

能力支撑：强化风险管理和组织体系，形成有效"弹药"赋能

以ESG数据为抓手，提升绿色数据应用价值。数据是银行实现高质量绿色金融发展的核心，也是创新绿色金融产品、完善配套体系，进而撬动产业资源的基础。ESG数据可与商流、资金流、物流信息形成多种交互模式，共同构成绿色金融数据生态（见图五）。而对于银行自身来说，ESG数据也可应用到企业碳排放测算、产品碳足迹追踪、碳资产管理、环境风险管理、环境效益测算等多个场景，通过一站式数据管理平台，整合360° ESG数据和被投企业核心能力，在确保绿色金融数据可量化、可追踪、可管理的同时，输出企业ESG画像（见图六）。

进一步，银行作为收集和处理数据的核心枢纽，其强大的金融科技能力能够深度赋能产业链ESG数据互联，带动核心企业与行业整体转型和可持续发展。银行不仅可以把完善的数据体系应用共享到多个ESG场景，还可将平台能力作为服务向外输出，向产业链提供碳账户，碳排放的监测、报告与核查（MRV），碳资产管理等多个解决方案。例如，法国巴黎银行（BNP Paribas）的全面影响力数据解决方案使其所有员工能够访问潜在客户的ESG表现，并将此作为决策的核心依据之一。[3]

图五 ESG数据与其他信息的交互

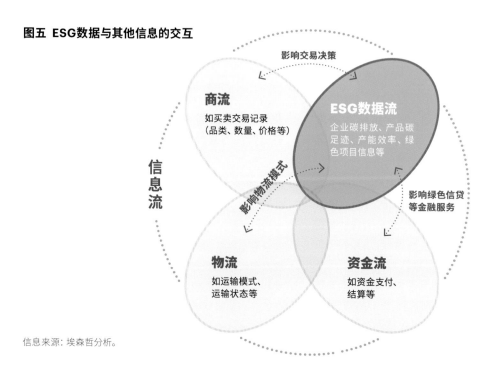

信息来源：埃森哲分析。

---

3. Banking for net zero - Taking a lead role in executing on sustainability commitments，埃森哲，2022年。

图六 一站式绿色金融科技平台赋能产业互联网转型

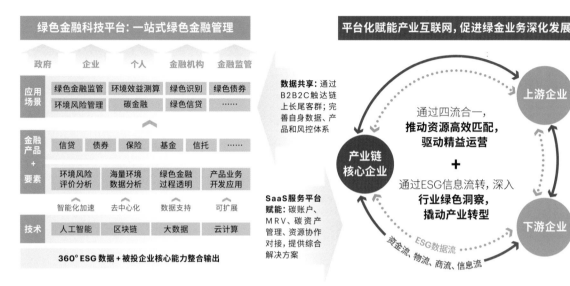

信息来源:埃森哲分析。

建立气候风险管理机制:在传统风控的基础上更新绿色金融风控标准,提升气候韧性。建立气候相关转型风险和实体风险的风控流程,融入风险管理模型,如信贷决策、风险加权、风险预警、压力测试等,提高绿色金融业务气候韧性,构建契合自身业务特色的绿色风控体系和金融系统。

成立绿色金融组织体系:"一把手"挂帅,专岗专人负责。根据中国银保监会《银行业保险业绿色金融指引》,银行保险机构董事会或理事会负责确定绿色金融发展战略。[4] 我们也认为,制定"一把手"挂帅的顶层组织架构,确保落地动力、统筹资源配置、保障运行机制,同时通过考核激励激发组织活力。在组织设置上,构建专门负责绿色金融的职能机构,赋予充分的监督和决策权,提升部门影响力。在人才队伍上,扩充专业队伍,支持研究、产品设计、金融科技等能力构建,相关指标纳入绩效考评,并做好人才梯队培养和知识传递。

全球可持续发展和我国"双碳"战略的落地,将为绿色金融带来历史性发展机遇。未来,绿色金融将不只是量的提升,更应是质的飞跃,并有望成为银行新的业务增长引擎。银行业应始终以价值为驱动,调动自身及产业链上下游资源,共同应对全球气候变化挑战,助力经济绿色转型与可持续目标的实现。◢

张逊
埃森哲大中华区战略与咨询董事总经理、可持续服务主管

陈姚玉
埃森哲大中华区金融服务事业部高级总监

高鹏
埃森哲大中华区战略与咨询总监

张越
埃森哲大中华区战略与咨询经理

谭方辉
埃森哲大中华区战略与咨询顾问

业务垂询:accenture.direct.apc@accenture.com

4. 中国银保监会《关于印发银行业保险业绿色金融指引的通知》第二章:组织管理,http://www.gov.cn/zhengce/zhengceku/2022-06/03/content_5693849.htm。

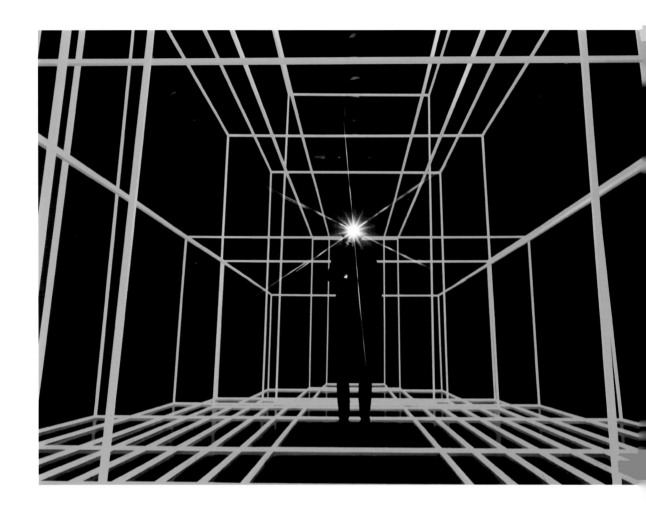

万物皆服务 开辟新增长

文 吴杉杉、余鸿彪、余照寒

提要："即服务"模式是高科技企业实现长期、可持续业务增长的重要路径。

过去十年，一大批高科技企业抓住移动互联网大潮的机遇，聚焦产品创新和体验，迅速扩大销售规模，坐享科技红利。然而，随着整体技术创新速度的放缓，以售卖硬件产品为主要业务的企业正面临日益严峻的挑战——市场整体增长乏力、产品同质化、客户对价格越来越敏感，这些因素使得高科技企业迫切需要寻找新的增长点。

"即服务"模式便是高科技企业的增长路径之一。它强调将产品作为服务的一部分，基于客户需求或订阅行为，提供更全面、定制化的解决方案和价值。这不仅能够增加企业的灵活性和创新能力，还能与客户建立更紧密的合作关系，由此实现长期、可持续的业务增长。埃森哲商业研究院测算，到2024年，"即服务"市场的总体规模预计可达3000亿美元，复合年增长率高达24%左右，发展前景广阔。

服务即产品

"即服务"（Everything-as-a-service, EaaS）是指以订阅为导向，捆绑产品、服务、平台的全新商业模式。随着技术的不断进步，市场中服务的商品化程度不断提高，"即服务"模式已经从最初的软件及云领域，延伸到更多不同的领域和产品范围（见表一）。

从业务形态来看，基于各领域中产品形态和客户需求的不同，"即服务"可以分为三种主要模式：基础服务、先进服务，以及平台生态。高科技企业可以根据自身实际情况，循序渐进地打造相关"即服务"形态。

基础服务：企业提供核心软硬件产品和基础服务，如设备的自动更新维护和企业业务自动化服务。通过订阅模式来降低客户资本支出、优化其现金流管理。

先进服务：除了基础服务模式"套餐"外，企业还提供管理、咨询和外包服务，以提高客户整体效率和满意度。

平台生态：企业致力于打造具有信息化技术支撑的"即服务"生态体系，降低体系内交易成本，与潜在生态伙伴协同创新、共享商机，为客户提供更多价值。同时持续感知客户需求，实现端到端自动化和资源优化。

表一 "即服务"涉及的不同领域及代表企业

涉及领域	服务描述	代表企业
软件"即服务" Software-as-a-Service (SaaS)	用户可以通过订阅访问软件和获得在线使用许可； 公司不必从头开始开发软件	Adobe、Workday、Salesforce
平台"即服务" Platform-as-a-Service (PaaS)	供应商为用户提供应用、软件和其他工程项目的开发和维护； 用户可以在云托管平台上构建产品，无须购买或存储	阿里云、Openshift、Windows、微软云（Azure）、亚马逊（Amazon）
基础设施"即服务" Infrastructure-as-a-Service (IaaS)	供应商提供IT基础设施，如存储、服务器和网络资源； 允许用户根据需求上下扩展IT资源	阿里云、亚马逊、Rackspace、微软云
设备"即服务" Device-as-a-Service (DVaaS)	用户通过订阅服务访问移动设备（如笔记本电脑、智能手机）； 用户能够进行设备外包管理，更容易使用最新技术	戴尔（Dell）、联想（Lenovo）、惠普（HP）
网络"即服务" Network-as-a-Service (NaaS)	网络硬件、软件以及与支持相关的软硬件全部作为订阅式服务， 硬件部署在本地，软件部署在云中	思科（Cisco）、Juniper、Paloalto
人工智能"即服务" AI-as-a-Service	用户通过订阅服务访问云端AI模型，利用供应商提供的应用编程接口（API）在云端通过人工智能算法完成特定的应用需求，节省了独自开发、训练和部署模型的成本	OpenAI、微软（Microsoft）、百度、阿里巴巴

"即服务"转型挑战及对策

随着云技术、人工智能、机器学习和数据智能等新技术的不断发展和成熟,"即服务"模式的成本已出现大幅下降,企业能够更轻松地为客户构建定制化解决方案,提供更高质量和更具竞争力的服务。但是,"即服务"所需的能力与传统的一次性硬件销售存在显著差异,实现转型需要进行长期且系统化的工作。

挑战一: 业务愿景及战略不清晰

企业的领导层和团队对"即服务"转型缺乏清晰的业务愿景和战略定义,导致目标和方向不明确。如有些企业的目标是进行服务转型,增加销售并提供企业级服务的能力,因此企业除了通过"即服务"中的订阅模式提高用户黏性,还应更关注如何提高其服务产品的吸引力及竞争力,不应本末倒置。

对策:

目前,市场上有三种常见的"即服务"转型方式,对应不同的业务愿景和战略。企业可以选择与自身相匹配的方式予以推进。

财务及金融模式转型: 通过租赁融资的方式,为客户提供IT硬件设备分期付款的交易选择来降低其财务压力。

设备"即服务"转型: 在金融模式变革的基础上,提供更多与硬件相关的软件及服务,提高利润率和客户黏性。

全面的服务导向转型: 提供与企业IT相关的各种管理服务,如IT支持、网络支持、安全服务等,从传统的IT硬件设备制造商转变成为IT服务提供商。

挑战二: 缺乏适应"即服务"能力的整体设计

与传统硬件销售模式不同,"即服务"要求企业提供持续的服务和销售,并与交付团队紧密合作,充分利用整体生态系统。如何将企业在前、中、后端各职能领域的核心能力,整合为端到端的一体化运营能力,成为转型成功的关键。例如,财务作为价值链下游,其痛点通常源自产品或销售能力的缺失或设计缺陷,单独提升财务能力无法解决业务问题。

对策:

企业需要对新的能力进行全局性的顶层设计,保证各职能领域可以有效对接,不会各自为战。各职能领域的核心能力需要基于新的业务场景进行梳理,并通过设计新的流程及明确岗位和职责来建立。比如在销售交易管控中,原有的一次性交易模式在价格及合同的条款设立上都相对标准化,而在"即服务"模式中,由于引入了三方产品及不同交付和付款方式,导致价格的计算及合同的条款都更加复杂,需要系统化的设计才能满足业务的规模化需求。

挑战三: 无法满足"即服务"业务的运营需求

传统硬件型企业在整体能力和流程方面,包括前端的产品定义与销售、供应链和生产制造,以及后端的财务管理和报告,都是围绕现有业务模式建立和优化的。因此,在向"即服务"业务转型时,原有的组织结构和运作关系通常无法满足新的业务需求。比如在销售端,传统模式下的销售人员在新商机出现前不会频繁与客户联系。但在"即服务"销售模式下,一份合同从签署到完全履行需要多年时间,其间需要不断响应和满足客户需求。这不仅为企业提供了交叉销售和追加销售的机会,也对销售组织的运营提出了新的要求。

对策:

企业在转型的过程中,可以基于业务定位和发展阶段,从以下三种运作模式中进行选择,同时结合组织实际情况进行设计和调整(见图一)。

挑战四: 缺乏合适的系统和工具来支持业务的开展

即使新的业务流程及业务规则都清晰,企业也可能缺乏合适的IT工具和平台来实施业务流程,难以降低手工作业的比例,导致业务无法快速规模化。

对策:

可以利用成熟的业界工具自动化业务流程,提高团队效率并支持业务增长。例如,SAP BRIM的融合开票功能 (Convergent Invoicing) 能够为"即服务"模式中的捆绑产品生成独立发票,满足硬件、软件和支持服务捆绑销售时的分别开票需求。该功能还包含每月、每季度和年度的计费，以及客户基于消费和签约成本所产生的费用。此外，授权管理（Entitlement Management）系统可以支持在整个合同周期内定义、配置和跟踪客户权利，有效管理"即服务"模式下的客户权益。

图一 企业新业务转型的三种模式

"即服务"转型SOAL金字塔模型

基于广泛的高科技行业数字化转型经验，埃森哲提出了"即服务"转型金字塔SOAL思维框架，建议从战略和组织设计开始，逐层推进到系统功能的落地，最终实现整体的业务变革。这一框架为企业提供了一种精确、专业且易于理解的方法，助其高效推进"即服务"转型，确保转型成功。

需要变革的已有能力（举例）

产品及研发
- 单独的软件开发
- 单独的硬件开发
- 单独的服务开发
- 瀑布流产品开发

市场及销售
- 传统CPQ
- 传统一次性订单
- 传统一次性销售组织
- 传统销售激励和管理
- 传统一次性商机管理

供应链及制造
- 传统物流及分销
- 实物交付
- 各自独立的产品交付

交付及客户成功
- 保修服务销售
- 不规律的客户参与
- 非自动化的合同更新
- 周期性维护
- 被动式销售流程

财务及融资租赁
- 硬件及软件各自独立的开票
- 传统硬件的销售确认

S: Strategy for EaaS — 战略及组织
O: Operating Model and Capabilities — 能力及运营模式
A: EaaS Architecture and Processes — 系统架构及流程
L: Living system for EaaS — 功能设计、IT实施及变革管理

企业转型

传统硬件企业可以利用企业级"即服务"模式更好地服务客户，同时开拓新的增长机会。但大型企业的全局性转型绝非易事，企业领导层须积极支持和参与，以确保顶层设计准确反映业务团队的实际需求，并确保最终的变革结果达到预期。◪

吴杉杉
埃森哲大中华区战略与咨询董事总经理、高科技行业主管

余鸿彪
埃森哲大中华区工业X事业部总裁

余照寒
埃森哲大中华区战略与咨询高科技行业战略总监

业务垂询: accenture.direct.apc@accenture.com

中国美妆行业观察

文 王怡隽、蒋宇星、虞兆顾

提要: 中国美妆企业需要从人、产品和场景三方面入手，把握美妆行业趋势，快速捕捉市场机遇，赢得先机。

早C晚A、配方党，这些在传统消费者眼中不明觉厉的词汇，早已成为年轻消费群体的个护标签。此外，过去几年的疫情也催生了新的美妆消费习惯。2023年，随着生活回归常态，人们的爱美之心也愈发萌动。面对如此趋势，美妆企业准备好了吗？

在经历了多年的高速发展之后，中国美妆个护市场以17%的份额成为全球第二大市场，[1] 市场份额与位列榜首的美国不相上下。然而与可观的市场总量形成对比的是，中国美妆市场的人均消费额仅为美国的五分之一，[2] 市场发展前景广阔。埃森哲预计，仅就中国大陆地区而言，美妆个护市场有望在未来三年保持10%以上的年复合增长率，市场规模逼近7000亿元人民币（见图一）。

图一 2016—2025年中国大陆地区美妆个护市场营收规模

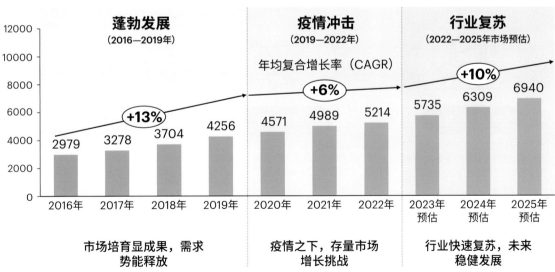

数据来源: 埃森哲研究与分析。

1. 欧睿数据，埃森哲研究与分析。
2. 欧睿数据，埃森哲研究与分析。

虽然前景一片光明，但对于美妆品牌而言，市场却并非"低垂的果实"。一方面，中国消费者在疫情三年养成了更加理性的消费习惯，他们会被更多内容"种草"，也愿意花更多时间"做功课"，产品功效和成分、价格、品牌与口碑，乃至包装设计和明星代言，都是消费决策的考量维度；另一方面，本土品牌和国际品牌的市场争夺也愈发白热化，品牌淘汰率远高于其他行业。

为了帮助美妆企业准确把握市场脉搏，埃森哲聚焦中国美妆市场，按五大细分品类、从人群、产品、品牌和内容等视角出发，开展趋势研究，助力品牌寻找破局点，扬帆起航。

中国美妆行业三大"关键词"

在埃森哲《2022中国消费者洞察》报告中，我们揭示了五大消费趋势——"我"经济、新理性主义、时间的主人、与科技共生，以及可持续的繁荣。从此次美妆行业趋势研究结果看，前后两次调研在很大程度上相互印证。埃森哲认为，后疫情时代的中国美妆行业正呈现出三大关键特点——"从心"认识、科技增益、XOTD（见图二）。

这三组关键词既是中国美妆行业的现状白描，也是中国消费者趋势的一个侧写。在此基础上，埃森哲分别从护肤、彩妆、个护、香氛、美容仪器五个细分类目入手，呈现它们各自的市场动态、类目趋势和品牌破局点。

图二 后疫情时代的中国美妆行业呈现三大关键特点

*OOTD: 网络流行语，来自英文"outfit of the day"，意为"今日穿搭"。
**XOTD: 由OOTD衍生而来，来自英文"X of the day"。
资料来源: 埃森哲研究与分析。

护肤：稳健增长，"精准护肤"风正劲

长期以来，国内外护肤品品牌对市场进行了持续投入和培育，2016—2020年，护肤品市场经历了持续的两位数高速增长期。蓬勃过后，市场逐渐成熟并归于平稳，我们预计未来年增长约保持在8%（见图三）。

伴随消费升级带来的护肤需求细分升级，护肤市场不仅局限于以精华和面霜为主打的传统大品类，还涌现出越来越多潜力小品类，针对性地解决肌肤问题并改善皮肤状态，后者极大地满足了消费者"精准护肤"的需求，将成为未来的"潜力赛道"。

图三 2016—2023年中国护肤品类营收规模与增速

单位：%，
年均复合增长率（CAGR）

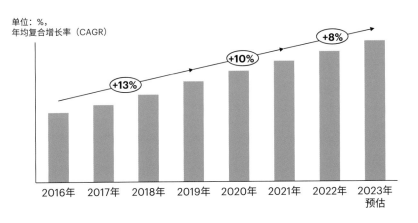

资料来源：招商银行《2021中国私人财富报告》，埃森哲研究与分析。

护肤品类子趋势

护肤个性化。消费者从关注品牌和产品，转化为从自身出发，寻找满足个体诉求和场景需求的产品。2021年上半年，美妆行业品牌产品搜索量对比诉求场景搜索量为60% vs. 40%，而到了2022年上半年，这一比例变为了40% vs. 60%。

男性护肤进阶。近年来，男性护肤从"蹭妻子/女友的护肤品"到"要男士专用的护肤品"，再扩展为一系列的品类需求。男性消费者的护肤习惯逐渐从"搭车"变为"专属"，男性消费人群对产品的肤质适配性更加重视。

"科技树"开辟新赛道。消费者期待既有效又安全的护肤产品，供给端相应在研发上更加聚焦三大方向：成分专精——大功效延展细分诉求；科学配方——从"成分党"向"配方党"升级；微生态进阶——微生态护肤概念兴起。

彩妆: 生机复苏, 乘风破浪好时机

2016—2019年前后, 国际大牌纷纷入驻国内电商平台, 彩妆市场经历了高速增长的红利期, 但这一势头在2020年戛然而止。疫情期间, 出门佩戴口罩成为标配, 市场增速大幅放缓, 三年来年均复合增速仅为5%。随着正常生活的回归, 我们预计2023年彩妆市场将快速复苏, 增速有望达到18% (见图四)。

就彩妆而言, 唇膏、粉底等品类仍然是最火的一批单品, 供需双高之下, 是品牌扩大声量、做大做强的机会点。而以定妆为代表的一系列新兴单品, 虽然目前体量较小, 但热度增长快, 需求不断走高, 未来有较大增长潜力。

图四 2016—2023年中国彩妆品类营收规模与增速

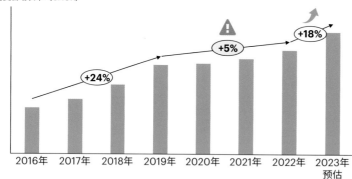

单位: %,
年均复合增长率 (CAGR)

+24% +5% +18%

2016年 2017年 2018年 2019年 2020年 2021年 2022年 2023年预估

疫情冲击与复苏

疫情期间 (2020—2022年)
⚠ 彩妆市场受疫情冲击较大, 增长放缓

后疫情时代 (2023年)
疫后生活重启, 释放彩妆消费新潜力

数据来源: 埃森哲研究与分析。

彩妆品类子趋势

"悦己"孕育高定彩妆。 消费者不再追求"大众审美", 而是根据自身特点, 定制属于自己的妆容。"方圆脸妆""单眼皮妆""菱形脸妆"等高定妆容百花齐放。

更聚焦于场景化需求。 生活场景不同, 妆容也有不同侧重和需求。上班通勤要快速上妆, 拜访长辈要轻薄妆容……品牌方开始针对不同场景进行产品卖点沟通。

彩妆细分更专业。 传统的大品类已无法满足美妆用户的细分需求, 更精细化的需求和操作手法需要更细分的产品来支撑。同时美妆工具也更为丰富, 睫毛妆造型热度高企。

妆容IP深入人心。 随着整体妆容概念的盛行, 彩妆产品种草已演变成为妆容种草, 形成了越来越多的妆容IP, 如节日妆容、素颜妆等。消费者创意被全面激发, 用户原创内容 (UGC) 百花齐放。

个护：差异化、高端化之战正酣

个护市场2022年营收规模超千亿，是所有细分类目中仅次于护肤的第二大类目。然而，随着用户基数增长红利的退却，个护类目的基础市场已经趋向饱和。

在此背景下，差异化、高端化将成为新一轮增长动力。不同于大众个护的增长停滞，我们预计，高端个护有望以22%的增速拉动整体市场持续昂扬向上（见图五）。

图五 2016—2023年中国个护品类营收规模与增速

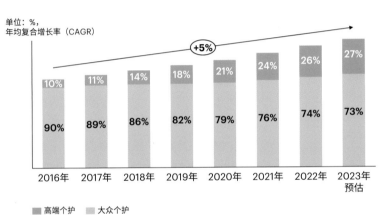

单位：%，
年均复合增长率（CAGR）

+5%

	2016年	2017年	2018年	2019年	2020年	2021年	2022年	2023年预估
高端个护	10%	11%	14%	18%	21%	24%	26%	27%
大众个护	90%	89%	86%	82%	79%	76%	74%	73%

■ 高端个护 ■ 大众个护

高端产品增长快

高端产品拉动个护市场增量

高端个护 **+22%**
2016—2023年预估，
年均复合增长率（CAGR）

大众个护 **+2%**

数据来源：埃森哲研究与分析。

个护品类子趋势

超越基本需求走向细分化。 随着悦己理念的普及，个护需求已从基本的清洁需求，进化为更加精致地养护身体的各个部位。产品也呈现细分化、专业化的趋势，以更好地满足用户需求。

步骤成分双进阶走向护肤化。 消费者开始将头皮护理和头发护理分开，呈现护肤般的多步骤化。身体护理产品中的成分和功效也在不断向护肤靠近，部位精细化因需定效。

打破品类边界走向香氛化。 随着个护品类在成分、功效上日益"内卷"，市场竞争逐渐从传统功能转变为附加价值。个护品牌纷纷入局"嗅觉战场"，香水品牌也在积极布局个护赛道。

香氛: 高举高打, 挺进新蓝海

嗅觉经济高歌猛进, 近5年实现了近20%的年均复合增长。其中个人香水占比更是逐年提高, 加速增长。但从香氛的主要人群渗透率看, 中国仅为欧美地区的10%左右, 巨大的差距让我们看到, 国内香氛市场仍是蓝海 (见图六)。

香氛品类子趋势

第一瓶首选那些"不会出错的香水"。 香水"小白"在尝试购买人生中第一瓶香水时, 国际品牌爆款往往凭借其更高的接受度与知名度, 成为购香首选。

香水成为穿搭用香——"穿"香。 习惯日常用香的香水"老手"有更进阶的需求: 对于他们来说, "穿"香如穿衣, 每日香水的选择讲究根据季节、穿搭等要素匹配合适的香型。

彰显人设与风格——"香水即人设"。 香水行家更加懂香, 他们通过香味来彰显个人风格和塑造人设。"香水即人设"的观念影响之下, 行家们偏好使用小众或香味独树一帜的沙龙香, 以此表达自我。

美容仪器: "黑科技"引领下的行业井喷期

更多消费者日益关注对自身形象的投资, 喜欢尝鲜的群体开始为"黑科技"买单: 射频美容仪、光疗修复面罩、微电流美容仪等成为广大消费者的心头好。整体而言, 美容仪器市场增长迅猛, 预计2016—2023年的年复合增长率将达26%, 成为美妆领域新的潜力赛道 (见图七)。

美容仪器品类子趋势

需求侧认知普及, 热度上升。 社交平台对于医美的科普和明星背书, 推动消费者"主动型抗老"意识增强。医美拓展催生"居家美容院"新场景, 美容仪器成为医美项目的家居平替。

供给侧技术从"融合"到"细分"。 经历2005—2010年的单点突破、2010—2020年的技术融合后, 美容仪器开始向场景细分延伸, 各大品牌纷纷针对细分需求推出场景导向、针对精准部位、可自行调整模式参数的新产品。

图六 2016—2023年中国香氛品类营收规模与增速

单位: %,
年均复合增长率 (CAGR)

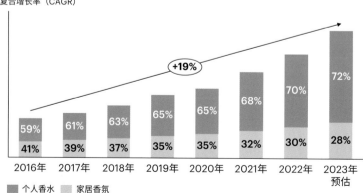

■ 个人香水　▨ 家居香氛

国内渗透率低

全球主要市场用香人群渗透率

欧洲 **42**%

美国 **50**%

中国 **5**%

数据来源: 埃森哲研究与分析。

图七 2016—2023年中国美容仪器品类营收规模与增速

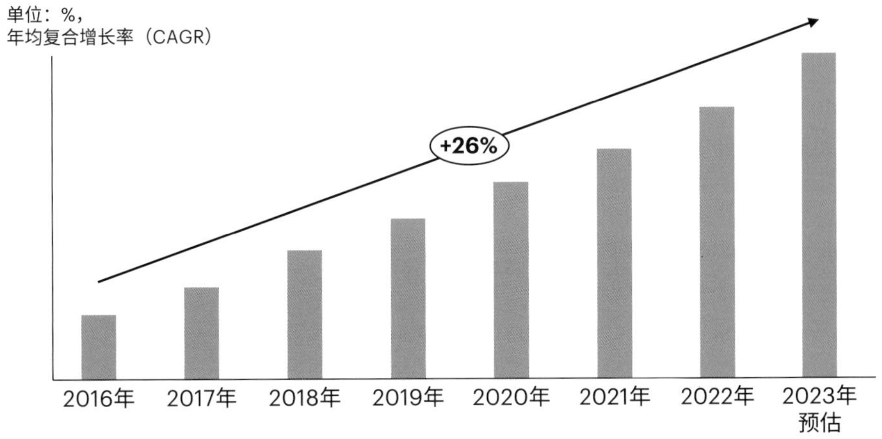

单位：%，
年均复合增长率（CAGR）

+26%

2016年　2017年　2018年　2019年　2020年　2021年　2022年　2023年
　　　　　　　　　　　　　　　　　　　　　　　　　　　　　　　　　预估

数据来源：埃森哲研究与分析。

美妆品牌破局点

面对更加多变、复杂的行业趋势，埃森哲建议美妆品牌通过IDEA四步法，快速捕捉市场机遇，赢得先机（见图八）。

新的生活方式和消费习惯不断涌现，促使企业更加敏捷地应对市场变化，贴近用户需求，不断迭代创新。在挑战与机遇并存的当下，要想抓住消费复苏，实现增长，企业需要从生产研发、产品、渠道、销售等各环节出发，根据品类发展的趋势，找到破局点，以长期主义心态做好品牌建设，打造优质产品。

王怡隽
埃森哲大中华区Song事业部总裁

蒋宇星
埃森哲大中华区战略与咨询董事总经理

虞兆顾
埃森哲大中华区战略与咨询经理

业务垂询：accenture.direct.apc@accenture.com

图八 IDEA四步法

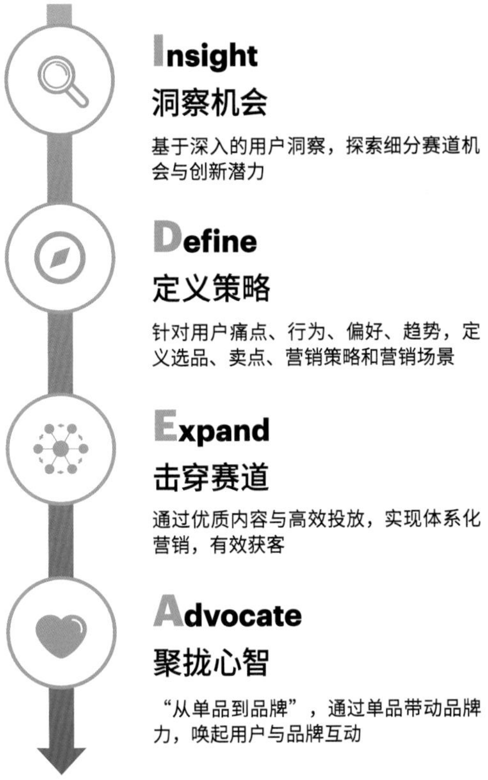

Insight
洞察机会
基于深入的用户洞察，探索细分赛道机会与创新潜力

Define
定义策略
针对用户痛点、行为、偏好、趋势，定义选品、卖点、营销策略和营销场景

Expand
击穿赛道
通过优质内容与高效投放，实现体系化营销，有效获客

Advocate
聚拢心智
"从单品到品牌"，通过单品带动品牌力，唤起用户与品牌互动

数据来源：埃森哲研究与分析。

关于埃森哲

埃森哲公司注册于爱尔兰，是一家全球领先的专业服务公司，帮助企业、政府和各界组织构建数字化核心能力、优化运营、加速营收增长、提升社会服务水平，更快且更规模化地创造切实价值。埃森哲是《财富》世界500强企业之一，坚持卓越人才和创新引领，目前拥有约73.8万名员工，服务于120多个国家的客户。我们是技术引领变革的全球领军者之一，拥有强大的生态协作网络。凭借深厚的技术专长和行业经验、独特的专业技能，以及翘楚全球的卓越技术中心和智能运营中心，我们独树一帜地为客户提供战略&咨询、技术服务、智能运营、工业X和Accenture Song等全方位服务和解决方案，为客户创造切实价值。埃森哲致力于通过卓越的服务能力、共享成功的文化，以及为客户创造360°价值的使命，帮助客户获得成功并建立长久信任。埃森哲同样以360°价值衡量自身，为我们的客户、员工、股东、合作伙伴与整个社会创造美好未来。

埃森哲在中国市场开展业务36年，拥有一支约2万人的员工队伍，分布于多个城市，包括北京、上海、大连、成都、广州、深圳、杭州、香港和台北等。作为可信赖的数字化转型卓越伙伴，我们正在更创新地参与商业和技术生态圈的建设，帮助中国企业和政府把握数字化力量，通过制定战略、优化流程、集成系统、部署云计算等实现转型，提升全球竞争力，从而立足中国、赢在全球。

详细信息，敬请访问埃森哲公司主页accenture.com以及埃森哲大中华区主页accenture.cn。

以下是埃森哲在华主要办公室的联系方式：

埃森哲（上海）
上海市淮海中路381号
中环广场30层
邮编：200020
电话：(8621) 2305 3333
传真：(8621) 6386 9922

埃森哲（大连）
大连市软件园东路44号
邮编：116023
电话：(86411) 8214 7800
传真：(86411) 8498 3100

埃森哲（成都）
成都高新区天府大道中段1366号
天府软件园E5,9-10层
邮编：610041
电话：(8628) 6555 5000
传真：(8628) 6555 5288

埃森哲（杭州）
杭州市滨江区西兴街道阡陌路459号B楼1301-1304室
邮编：310051
电话：(86571) 2883 4534

埃森哲（台北）
台北市敦化南路2段207号
远东大厦16层
电话：(8862) 8722 0151
传真：(8862) 8722 0152

埃森哲（北京）
北京市朝阳区东三环中路1号
环球金融中心西楼21层
邮编：100020
电话：(8610) 8595 8700
传真：(8610) 6563 0739

埃森哲（广州）
广州天河区天河北路898号
信源大厦13-14层
邮编：510898
电话：(8620) 3818 3333

埃森哲（深圳）
深圳市福田区华富路1018号
中航中心15楼06B-08
邮编：518031
电话：(86755) 8270 5268

埃森哲（香港）
香港鲗鱼涌华兰路18号太古坊港岛东中心2楼
电话：(852) 2249 2100/2388
传真：(852) 2489 0830